eビジネス

洋経済

衝撃！住めない街

財政難
老朽化

人口減少

災害の
激甚化

週刊東洋経済eビジネス新書　No.342

衝撃！ 住めない街

本書は、東洋経済新報社刊『週刊東洋経済』２０２０年2月1日号より抜粋、加筆修正のうえ制作しています。情報は底本編集当時のものです。（標準読了時間　９０分）

衝撃！ 住めない街 目次

人口減少・老朽化・財政難・災害激甚化

インフラを取り巻く4つの問題

「耐震化にかけるお金はありません」

千葉県銚子市の市庁舎は耐震基準を満たしていない。だが、市の担当者はそう語るしかなかった。

銚子市の財政は人口減少や学校関連の整備費の膨張で急速に悪化。このままいけば、2021年度に財政健全化団体、22年度には北海道夕張市と同じ財政再生団体に転落する可能性がある。市は8階建ての市役所のうち、倒壊危険性の高い6〜8階の使用を中止。避難訓練で何とか職員や来庁者の安全性を図る計画を立てる。

銚子市は特殊な自治体ではない。日本全体で庁舎の耐震化の方針が決まっていない自治体は117前後。理由の大半が財政難だ。

日本の人口は２００８年をピークに減少へ転じた。庁舎ですら耐震化できないのに、今後は公共施設や水道など多くのインフラの更新が待ち受けている。財源は足りない。

もう１つ懸念されるのが災害の激甚化だ。２０１９年１０月の台風１９号は首都圏がいかに災害に脆弱か思い起こさせた。地球温暖化が進めば洪水発生頻度は上がる。さらに、首都直下型地震が今後３０年間で起きる確率は７０％とされる。

２０１１年の東日本大震災では２０年度までに復旧・復興へ合計３２兆円が投入される。インフラ系の復興はメドがついたが、東北３県の人口減少に歯止めがかかっていない。

インフラ問題に詳しい東京都市大学の宇都正哲教授は「インフラ老朽化と人口減少が合わさっており、復旧・復興問題が深刻化している」と指摘する。

こうした人口減少、インフラの老朽化、財政難、災害の激甚化という、絡み合った４つの問題に向き合うためには、より安全な場所へ移り住み、インフラを効率的に使うしかない。実際、政策も徐々にそうした方向に動いている。

政府は自治体に、住宅や都市機能を誘導するエリアを策定するよう求め、土砂災害防止法などでは災害リスクの高いエリアでの実質的な居住制限をかけ始めた。また、老朽化した公共施設やインフラについて、今後も維持更新できるのか、計画を公表するよう求めてもいる。憲法で保障された財産権があるため「住むな」とは言わないまでも、「住んでほしくない」というメッセージを徐々に出し始めているのだ。

4つの課題に日本はどう向き合うのか。まずは地方自治体の現実から見ていこう。

（松浦　大）

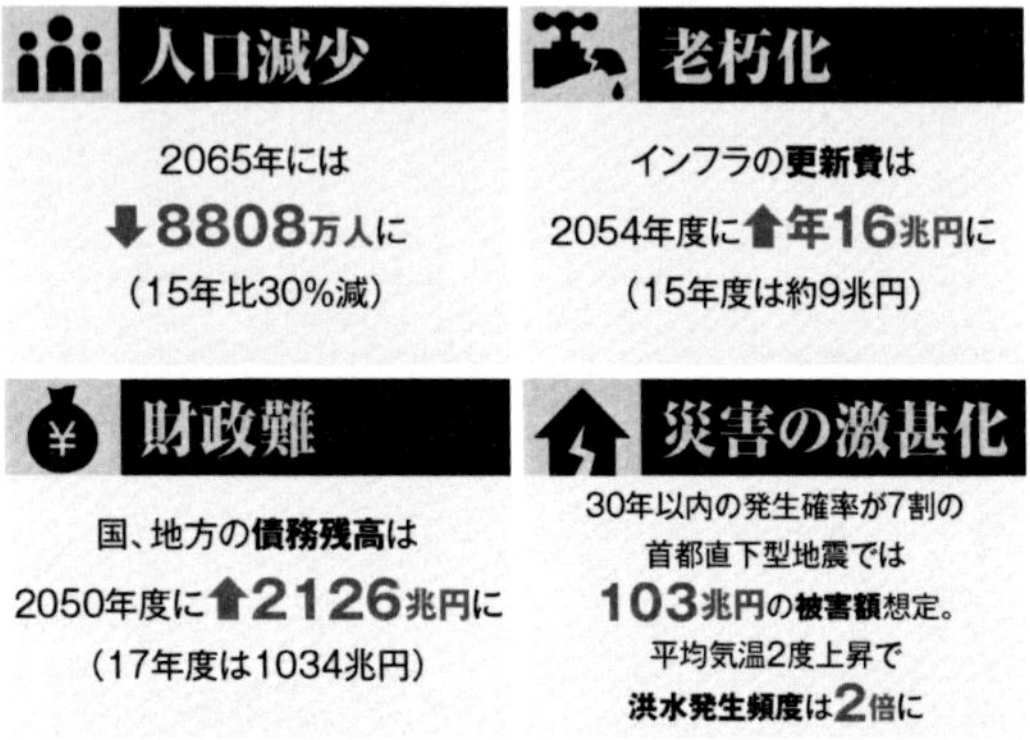
人口減少
2065年には
8808万人に
（15年比30%減）
老朽化
インフラの更新費は
2054年度に年16兆円に
（15年度は約9兆円）
財政難
国、地方の債務残高は
2050年度に2126兆円に
（17年度は1034兆円）
災害の激甚化
30年以内の発生確率が7割の
首都直下型地震では
103兆円の被害額想定。
平均気温2度上昇で
洪水発生頻度は2倍に

（出所）人口は国立社会保障・人口問題研究所、インフラの更新費と地震は内閣府、洪水は国土交通省、債務残高は三菱総合研究所の予測

拡大する「住めないエリア」

2020年1月20日、国土交通省は相次ぐ自然災害を受け、災害が想定されるエリアの開発について規制を大幅に強化する法案を今通常国会に提出する方針を示した。

これまでは、土砂災害や水害が想定されるエリアでも個人の住宅は開発可能だった。しかし今後は、自治体が市街地開発を強化する地域からこうしたエリアを外すほか、開発を進めない「**市街化調整区域**」での規制を強化、住民の安全性を高める方針だ。

だが、これまで日本では利便性を追求して、こうした危険なエリアや地価の安い郊外の開発が推進されてきた。人口減少や災害多発などの事態に、住まい方は変えられるのか。

逃げ場がない区民で避難所があふれかえった

２０１９年１０月１２日朝。台風１９号が接近し、強まり続ける雨の中、東京都・江戸川区役所にある災害対策本部は緊迫感に包まれていた。午前７時、区の西端を流れる荒川の流域で３日間総雨量が５００ミリメートルを超える可能性があると気象庁が発表。区の想定では、総雨量が５１６ミリメートルを超えると荒川が氾濫し区の西半分が浸水する。そのエリア内には区役所もある。浸水の深さは最大で５メートルに達する。

区は面積の７割が、満潮時の海水面より標高が低いゼロメートル地帯。もし荒川の堤防が決壊すれば、ほとんどの地域で浸水が最大２週間以上継続し、約７０万の区民が被災する。午前１０時前、区はついに西側エリアに避難勧告を出した。

荒川の左岸およそ７００メートルに位置する松江小学校には、午前８時ごろから高齢者や車いすの人など、避難に時間のかかる住民が自主的に集まり始めた。勧告が出た午前１０時以降には家族連れの避難者などがさらに集まり、２階にある体育館が徐々に埋まっていった。

結果的に荒川の氾濫は免れたものの、もし雨量がさらに増えて最大規模の氾濫になっていたら、この松江小も5メートル近くの浸水がありえた。一般家屋では2階の天井あたりまで水につかる高さだ。

だが、ほかに逃げ場所がない区民は続々と避難所へ集まった。松江小の体育館はすぐに満員になり、教室も開放したが避難者は収まりきらなかった。廊下にも避難者があふれ、最終的に1500人を超え松江小はごった返した。何も持たずに避難してきた住民も多く、配布した毛布やビスケットはすぐに足りなくなった。

避難所を運営していた東松一丁目町会の関口孟利会長は「区外に避難するのが安全なのはわかっているが、江戸川区で生まれ育って、ほかに頼れる場所がない住民も多い。今回は結果的に水が来なかったからよかった」と話す。「江戸川区は都心への交通の便もよく、住みやすいのは間違いない。ただいつか、もっと大きい台風が区を直撃したらどうなってしまうのか不安で仕方ない」(同)。

◇市街化調整区域

市街化を抑制すべき区域のこと。原則として建物を建てられない。無秩序に市街地が拡大することを防ぐのが目的だ。田畑など農地であることが多い。対になるのが市街化区域。こちらは市街化を進める区域で、住宅なども開発許可不要で建築できる。いずれも都市計画法に基づいて指定される。

（石阪友貴）

川崎市・横浜市で進むレッドゾーン指定

「入居者を確保するには家賃を下げざるをえないだろう。そもそも入居してくれないのではないか」

神奈川県川崎市多摩区の崖地で賃貸マンションを経営するAさんは心配顔でそう話す。所有する崖地が２０２０年3月末までにレッドゾーンに指定される見込みがあるからだ。レッドゾーンとは**土砂災害特別警戒区域**のことだ。

神奈川県は土砂災害の発生リスクが首都圏で最も高い。2007〜16年の土砂災害発生数は681件で、全国でも3番目に多い。神奈川県は土砂災害防止法に基づいて、15年度までに「土砂災害のおそれがある区域」を**土砂災害警戒区域**（イエローゾーン）に指定。さらにイエローゾーンの中でも、「土砂災害で建築物に損傷が生じ、住民に著しい危害が生じるおそれがある区域」をレッドゾーンに指定する。

ゾーン指定は、土砂災害で24人の死者を出した1999年の広島豪雨を受けて始まった。レッドゾーンに指定されると、住宅や学校、医療施設などの開発許可を得る際、土砂災害を防ぐ対策工事計画が十分であるという都道府県知事の判断が必要になる。個人宅も、新築や改築の際、建築物の構造が土砂災害の衝撃に対して安全であるかの建築確認を受ける必要がある。

つまりレッドゾーンに住居を構えるためには、防災上の対策コストを負担しなければならないのだ。横浜市ではすでに18〜19年に南区、磯子区、保土ケ谷区、金沢区、栄区の5区で697区域がレッドゾーンに指定され、他区についても現在調査が行われている。

川崎市では、多摩区の調査結果が公表され、3月末までに136区域が正式にレッドゾーンに指定される見込みである。Aさんの賃貸マンションも含まれる。

川崎市の他区については現在調査中。高級住宅街として知られる新百合ヶ丘を含む麻生区は306区域ものイエローゾーンを抱え、最も多くのレッドゾーン指定を受けるとみられている。

横浜市を中心に不動産売却仲介を手がける未来堂代表取締役の皆川徳三氏は、「横浜市でも最近は平らな土地が人気だ。坂のあるエリアは人気が落ちているうえに、もしレッドゾーンに指定されれば今後その区域の不動産価格は下落が進むだろう」と見通す。

冒頭のAさんにはもう1つの不安がある。正式にレッドゾーン指定を受ければ、崖下の近隣住宅の資産価値に影響を与えることが予想される。レッドゾーン指定の解除には対策工事が必要となるが、その工事費は数千万円から億円単位と、個人で負担できる金額ではない。「とはいえこのまま崖地を放置していれば、近隣住民との間に軋轢が生じかねない」（Aさん）。

神奈川県は、レッドゾーンに指定されるような急傾斜地について、対象区域の住民全員による合意などの条件をクリアすれば、防災工事を無償で行う制度を設けている。ただし「人員や予算の問題もあり、川崎市の場合、工事の要望から完了まで4～5年はかかる。年間の工事の完了件数も1～3件程度」（神奈川県横浜川崎治水事務所川崎治水センター）という。

レッドゾーン指定を受ける区域の住民の不安感は大きい。

◇土砂災害（特別）警戒区域

崖崩れや土石流などの土砂災害から住民を守るため、土砂災害警戒区域（イエローゾーン）と土砂災害特別警戒区域（レッドゾーン）を自治体が指定している。地滑り区域や、傾斜がきつく高さが5メートル以上ある区域などが該当する。

（ライター・長谷川　敦）

川崎市　建て替えや増築に規制がかかる区域続出

川崎市で進むレッドゾーン（特別警戒区域）指定

区	警戒区域	特別警戒区域に指定するかの進捗状況
多摩区	179	約8割 うち136区域が該当との調査結果を2019年2月に公表、20年3月末までに指定する見込み
麻生区	306	調査中、20年度中に結果公表
宮前区	166	〃
高津区	97	〃
中原区	8	〃
幸区	7	〃
川崎区	なし	—

（注）「警戒区域」は「土砂災害防止法」で指定された「土砂災害のおそれがある」区域。その中でとくに危険な区域は、調査の後、特別警戒区域に指定される　（出所）川崎治水センター資料

土砂災害警戒区域は多い

（注）新百合ヶ丘駅周辺の土砂災害ハザードマップ
（出所）川崎市のホームページ

9校を統合したつくば市に子育て世代が不信感

「子どもは4月から中学生になるが、このまま地元の小中一貫校に通わせるつもりはない」

茨城県つくば市で小学6年生の子どもを育てる母親のBさんは、市が進める学校統廃合に不信感を募らせる。市北部では2018年4月、小学校7校と中学校2校が統合され、小中一貫の秀峰筑波義務教育学校が開校した。全国的にも例のない大規模な統合だ。

子どもの減少に対応するため統合が決定されたのは12年度のこと。ただし当初は北部地区の中でも、旧筑波東中学校区の1中学校4小学校の統合案だった。ところが13年末ごろから、旧筑波西中学校区も含めた9校での統合案が浮上。そのまま推し進められた。

この間の経緯について、廃校になった小学校でPTA会長を務めていたCさんは「保護者との合意を欠いたまま、一方的に計画が練られていった」と振り返る。筑波東中学校区では、保護者に対して筑波西中学校区との統合を問うアンケートが市主導で実施された。だが「公表されたアンケート結果を見ると、統合を進めるうえで不都合な意見は削られるなど、情報操作が行われていると感じた」。

冒頭のBさんは、小中一貫校に不安を抱いていた。しかし保護者に十分な説明が行われず、意見を吸い上げる場も設けられなかった。

さらに「同じ北部地区でも、筑波西中学校区と筑波東中学校区では桜川を挟んで文化がまったく異なる。地域性を無視して1つに統合しようとしたことにも疑問を感じた」とBさんは話す。

今回の統合によって、約77平方キロメートルもの広大なエリアが1つの校区となった。徒歩では通学できず、スクールバスを利用する子どもも多い。バスに乗るには毎朝7時前に家を出なくてはいけないケースもあり、学校の近くに転居する家庭も出てきているという。

Cさんは秀峰筑波義務教育学校開校後のPTA組織について、旧小学校区単位で支部を設ける体制にすべきだと考えていた。支部があれば、保護者同士の交流が深まり、地域ごとの多様な行事も存続しうるからだ。だが支部制は採用されず、1つの巨大なPTA組織ができ上がった。そのため「地域の保護者同士のつながりが希薄になり、地域コミュニティーが衰退していると感じる」と話す。

市北部には豊かな自然や人間関係の中で子どもを育てたいと、都会から移住してきた人も少なくない。「この地域ならではの、そうした魅力が今回の統廃合によって失われようとしていることが残念でならない」とCさんは感じている。

（ライター・長谷川　敦）

春日部市は住宅開発を緩和したが再び強化へ

埼玉県の春日部市南部。1月上旬に訪れると、かつて農地だった場所で重機が走り宅地造成が行われていた。ここは市街化調整区域で、市街化を抑制するべきエリア。だが、「100戸ほどの大規模な住宅街になるようだ」（地元の不動産業者）。周辺でもさまざまな業者が住宅の販売を行っている。

このエリアは浸水想定区域に含まれており、利根川の氾濫時には最大1〜2メートルの浸水が想定される。

春日部市の人口は2000年の24・1万人をピークに直近23・4万人に減少。市はかつて17年時に25・5万人へ増やす目標を掲げた。その一環として**市街化調整区域の開発緩和**を13年に打ち出した。

市の調査によれば、18年夏の段階でそうした開発緩和区域に移り住んできた人は約500人。だが、6割は市内からの転居で、市外からの流入は約200人にすぎない。

「転入による人口増のメリットよりも、市街地が拡散するデメリットのほうが大きかった」(春日部市)として、現在は再び開発規制を強化し、農地での宅地開発は原則不可能となった。19年3月末に廃止するまでに33カ所で14万1500平方メートルの開発許可を与えた。

人口増を諦めた春日部市が進めるのが東武鉄道の各駅を中心とした**コンパクトシティー**型の開発だ。とくに春日部駅付近の鉄道を高架し立体交差化する事業には、埼玉県と市と東武鉄道が一体となって650億円を投じる計画だ。こうした施策により、人口減少を抑え、27年人口を22・7万人で食い止める目標を掲げる。

ただ、地元の不動産開発に詳しい、佐藤一・春日部市議は「駅の近くに住む人はコンパクトシティーでもいいだろうが、一人暮らしの高齢者のためにはバスを走らせるしかない。同じ春日部市民なのだから高齢者の環境を整える必要もあるのではないか」と指摘する。

市街化調整区域での開発は全国で行われている。国交省によれば、17年度に全国で4084件の開発が許可を受けている。19年7月の国交省の有識者会議でも、こうした現状に疑問が投げかけられた。開発規制を緩和する政策はやめる時期が近づいている。

◇市街化調整区域の開発緩和

市街化を抑制すべき市街化調整区域であっても、地方自治体に申請し許可が下りれば建物を建てることができる。近年は、人口減少に苦しむ自治体が少しでも人口を増やそうと、一部区域に限って開発規制を緩和し許可するケースが相次いだ。それにより農地を賃貸アパートに転用する事例などが急増した。しかし、市街地が拡散すれば、水道や道路といったインフラも新設していかなければならない。その費用負担や想定ほど人口が増えなかった反省から、最近は緩和した開発規制を再び強化して開発を抑制する動きが出始めている。

◇コンパクトシティー

都市の一部に行政や医療、商業施設などの機能を集約した「都市機能誘導区域」と、人口密度を維持する「居住誘導区域」を設け、効率的な生活・行政を目指す仕組み。政府が2014年に創設した立地適正化計画制度に基づく取り組み。これまでに250以上の都市が設定している。しかし、居住誘導区域外の開発を許容していることなどから、思うような行政の効率化ができていないのが現状だ。

（松浦　大）

【水害】台風19号が残した爪痕

追いつかない首都圏の水害対策

「ドアや壁、床などほぼ全面的なリフォームが必要で、地方に家を一軒建てられるほど費用がかかる」。2019年の台風19号で、東京都大田区田園調布にある住宅の1階部分が浸水する被害にあった女性はこうため息をつく。

今でも「水が入ってきた瞬間」が忘れられない。仕事から帰る途中、激しく増水する多摩川を見ながら、「これはまずい」と思った女性は両親と子どもを避難させ、夫と2人で家に残った。ドアの前に土嚢を積んでいると、家が停電。まもなく床下収納のふたが盛り上がってきた。夫と必死に上から押さえるも、あっという間に水が入ってきてしまった。心配した父親は避難所から帰ってきた。避難所ではひざほどだった水位は、自宅そばでは胸近くに。自宅前の道路をほぼ泳いで帰ってきた。近くにはコイも泳いでいたという。

水害に脆弱な首都圏

台風19号は、記録的な大雨によって各地に深い爪痕を残した。全国71河川で140カ所の堤防が決壊。茨城県を流れる那珂（なか）川や荒川水系の都幾（とき）川、越辺（おっぺ）川など、国が直接管理する河川でも堤防の決壊が起きた。浸水面積は2万5000ヘクタール、浸水被害を受けた建物は7万棟以上、死者90人・行方不明者9人に上った。

神奈川県川崎市でも広い範囲が浸水の被害を受けた。中原区の武蔵小杉駅前に建つタワーマンションでは、地下階にある配電盤が浸水し停電や断水が続いた。田園調布や川崎市で発生したのは、内水氾濫と呼ばれる洪水だった。大雨の影響で多摩川の水位が急激に上昇。市街地を通る排水管は多摩川につながっていたため、水かさの増した多摩川から逆流した水が道路に激しくあふれたのだ。

川崎市の住民説明会では、「なぜ排水管と多摩川をつなぐ水門を閉めなかったのか」と住民が反発したものの、「水門を閉めれば市街地に集まった雨水が排水されずに結局洪水していた可能性もある」（川崎市の担当者）。

東京近郊を流れる主要河川が台風19号で氾濫することはなかった。そのため、「ハード面での水害対策が功を奏した」（土木工学などが専門の中央大学の山田正教授）と、これまでの治水対策を評価する声は多い。だが同時に、「上流から下流までの治水機能がフル稼働し、あと一歩のところでぎりぎり持ちこたえられただけ」（同）なのも事実だ。河川の水が堤防を越えなくても各地で洪水が起きたという事実は、東京近郊でも水害とは無関係ではいられないことを強烈に印象づけた。

水害対策は上流でダムを造ったり、中流・下流で堤防を整備したりというハード面での対策と、避難や被災後の迅速な復旧などのソフト面での対策という2つに分けられる。今回の台風19号では、ハード・ソフト両面で課題が浮き彫りになった。

■ 数年おきに大規模水害が起こってきた

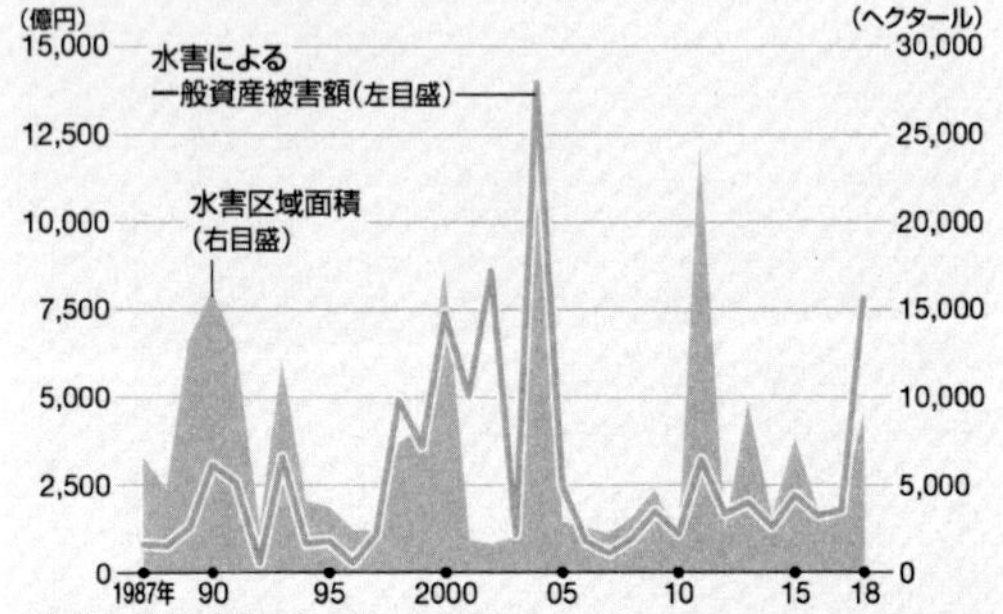

(出所)国土交通省資料

250万人の悲鳴

下流のハード整備といえば、河川の増水から市街地を守る堤防だ。台風19号通過前後の大雨によって、首都圏の河川は氾濫寸前にまで追い込まれた。利根川の堤防は埼玉県久喜市で氾濫危険水位を超え、荒川上流でも流量が堤防の整備計画を上回った場所があった。

利根川や江戸川では2004年から堤防の幅を広げて浸透や決壊を防ぐ事業が行われている。江戸川の拡幅工事は7割以上が完了している一方で、利根川上流では計画の2％止まり。「用地買収に時間がかかっている。予算との兼ね合いもあり、完成まで何年かかるかはわからない」（利根川上流河川事務所）。地権者との合意に時間がかかっている。

堤防を守るための放水路もフル稼働で河川の氾濫を防いだ。有名なのが、埼玉県春日部市の地下にあり「地下神殿」とも呼ばれる首都圏外郭放水路。流域の中小河川から、より流量が多い江戸川に排水するのが目的で、1000万トン以上を排水した。

上流ではダム群が流域全体の水位を調節する役目を担う。関東地方整備局の推計では、利根川上流のダム群の貯水によって群馬県伊勢崎市にある基準地点の水位を1メートル低下させる効果があったという。19年10月に工事が終わったばかりで試験的に貯水を始めていた八ッ場（やんば）ダムの効果も注目された。

だがダムが水位を下げる効果はダム直下で最も大きく、下流に行くほど薄れてしまう。「下流の市街地を流れる河川で実際に水位上昇を抑えた効果は数センチ程度にすぎなかったのではないか」（ダム問題に詳しい水源開発問題全国連絡会の嶋津暉之氏）との声も上がる。

中流域で雨水をため、下流の水位上昇を抑える遊水地や貯水池も限界に近かった。群馬県と栃木県の県境を流れる渡良瀬川が利根川に合流する地点には、日本最大の遊水地である渡良瀬遊水地が広がる。台風19号の際には、渡良瀬川から利根川に流れ込む雨水を周辺の遊水地と合わせ2・5億トンためた。貯水率は100％に達していた。荒川でも、埼玉県のさいたま市と戸田市にまたがる荒川第一調節池で3500万トンを貯水。貯水率は9割に上った。

「下流の水位を低下させるという意味では、中流域の遊水地が果たした役割は大きい」（治水に詳しい立命館大学の高橋学教授）。要因の1つは貯水量の巨大さだ。利根川水系のダム群は7つ合計で1・45億トンだが、遊水地は計2・5億トンと、1億トン近くも多く貯水したことになる。もう1つは、下流に近いということ。同じ貯水量の場合、上流のダムよりも下流に近い遊水地のほうが下流の水位を押し下げる効果は大きくなる。

そのため、荒川では18年から1670億円を投じて第二・第三調節池の建設を進めており、完成すれば、荒川でさらに5100万トンの貯水能力が加わることになる。ただ完成するのは早くても30年ごろの見込み。それまでに台風19号以上の豪雨が起こらない保証はどこにもない。

ここ数年、全国で大規模化し頻度も高まる洪水にハードの整備が追いついていない。15年の関東・東北豪雨では、整備が終わっていなかった鬼怒川堤防の一部が決壊。17年には九州北部の大雨で多くの中小河川が氾濫。さらに18年に起きた西日本豪雨では271名の死者・行方不明者が出た。

十分なハード整備がなされていないため、水害リスクの高い自治体はソフト対策に力を入れざるをえないのが実情だ。

「ここにいてはダメです」。東京都江戸川区がハザードマップの表紙に使ったフレーズは象徴的だ。台風19号上陸前後、SNS上では江戸川区のこの表現が「攻めている」「自虐的だ」と話題になった。だが、江戸川区は面積の7割が、満潮時の海水面よりも標高が低い海抜ゼロメートル地帯。台風の低気圧で海面が吸い上げられる高潮が起きたり、堤防が決壊したりすれば被害は深刻化する。決して過度な表現ではない。

こうしたエリアは江東5区（江戸川区、江東区、足立区、葛飾区、墨田区）にまたがっている。荒川や江戸川が氾濫すれば、250万人が5区内にいられなくなる。そのため、大型台風が接近した場合、直撃の2日前から5区外への自主避難を呼びかける計画になっている。前日には、浸水域内の全住民が公共交通機関か徒歩で江東5区外へ避難しなければいけなくなる。

江戸川区の元土木部長で、ハザードマップの作成に携わった土屋信行リバーフロント研究所技術参与は、「『ここにいてはダメです』とは、堤防など水害対策のハードが足りないという250万人の切実な悲鳴だ」と話す。

台風19号ではこの広域避難計画の課題も浮き彫りになった。避難先候補は千葉県や埼玉県だが避難者が大量に出るため場所の確保ができていない。「住民を受け入れてもらえる自治体を探している段階」（江戸川区の防災担当者）。さらに、大型台風上陸前のJR・私鉄各線の計画運休は定着しつつあり、避難手段の確保も課題だ。「現実的には250万人全員が避難しきれるはずがない」（前出の土屋氏）との声も上がる。

国の治水対策も、「防ぎきれない大洪水は必ず発生する」というスタンスに立ち始めている。整備に長い年月がかかるハードだけで対応していたのでは間に合わないことは明らかで、ソフト対策の充実に舵を切り始めたのだ。例えば自治体のハザードマップは想定される最大規模の洪水での作成を義務づけたり、河川の水位情報を住民に知らせたりして避難を促すことで洪水時の被害を最小限にとどめようとしている。

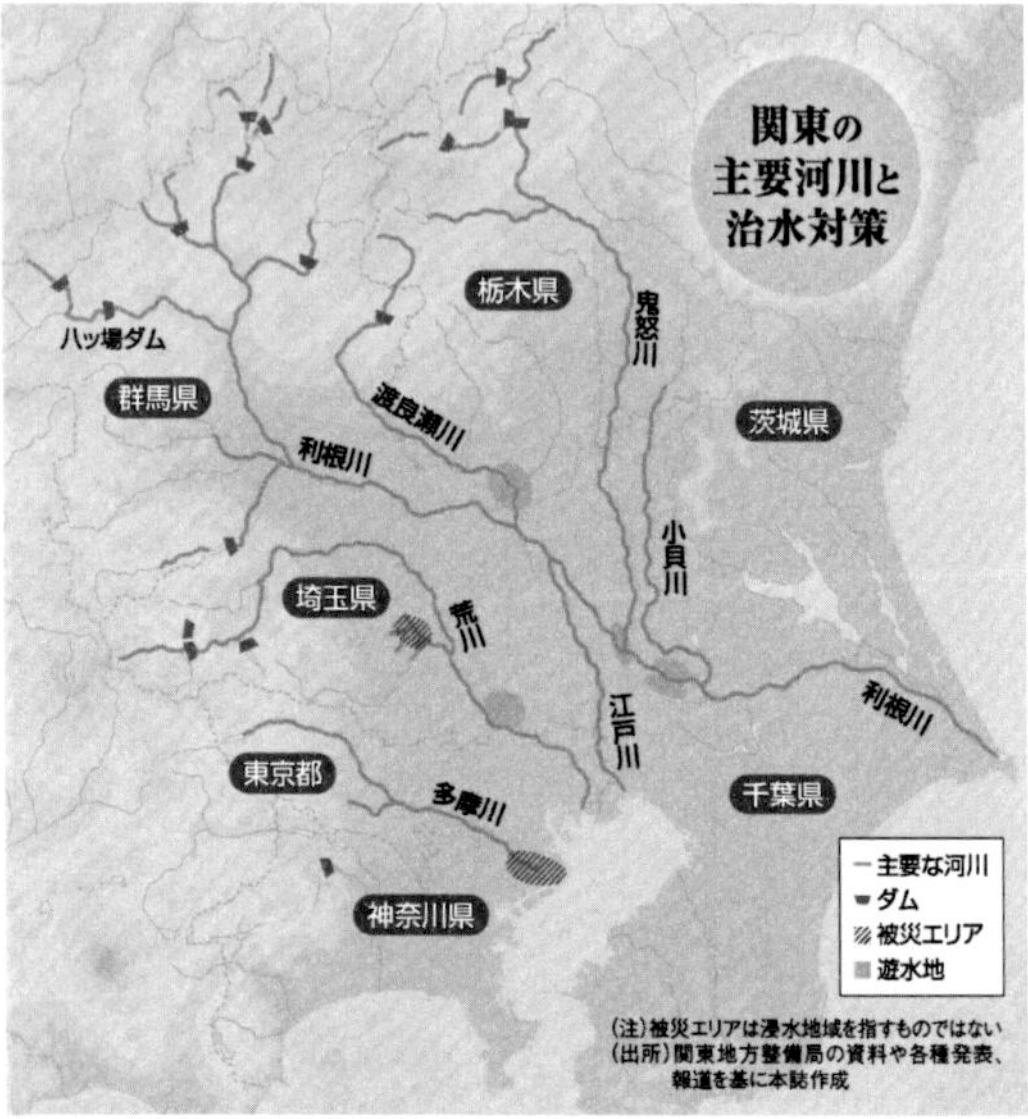
関東の
主要河川と
治水対策
八ッ場ダム
群馬県
栃木県
鬼怒川
茨城県
渡良瀬川
利根川
小貝川
埼玉県
荒川
江戸川
利根川
東京都
多摩川
千葉県
神奈川県
主要な河川
ダム
被災エリア
遊水地
(注)被災エリアは浸水地域を指すものではない
(出所)関東地方整備局の資料や各種発表、
報道を基に本誌作成

現実化する居住制限

さらに、水害リスクが高い地域に居住規制を行うという〝最終手段〟も浮上してきた。19年末に始まった「気候変動を踏まえた水災害対策検討小委員会」では、「立地の規制や移転の促進」が検討課題として挙がった。「ここまで踏み込んだのは、何とか被害を減らさないといけないという危機感からだ」（委員長を務める小池俊雄氏）。20年の夏ごろまでに一定の方向性を打ち出す予定だ。

首都圏では人口増に合わせて水害リスクの高いエリアでも住宅開発が進められていった経緯がある。今後、人口が減少していく中でどう水害に向き合っていくのか。水害から何をどこまで守るべきなのか。首都圏の治水は正念場を迎えている。

（石阪友貴）

営業再開できない施設も

商業施設で浸水被害が相次ぐ必然

集中豪雨による商業施設の浸水が相次いでいる。

19年10月の台風19号では複数の商業施設が浸水した。長野県長野市にあるユーパレット赤沼ショッピングモールは、敷地の南側を流れる千曲川の堤防が決壊し、最大で2・5メートルも浸水。変電設備が水につかり、電気が使用できなくなったことで復旧が遅れており、今も営業再開のメドが立たない。

敷地の北側を流れる入間川流域の都幾川が氾濫、被災したピオニウォーク東松山(埼玉県東松山市)も、60センチメートルの浸水で1階の変電設備が水につかった。約2カ月半後の19年12月26日にようやく営業を再開した。

栃木県栃木市のベイシア大平モールも、台風19号で敷地北側を流れる利根川水系永野川が氾濫。敷地北側の棟の倉庫のシャッターが、水圧と流木の打撃で開いてしまい、倉庫内に深さ1・7メートルまで水が流入。店内側の壁が水圧に耐えられず、一部崩壊した。12月から部分的に営業を再開、全面再開は1月下旬になる見込みだ。

イオン小郡（おごおり）ショッピングセンター（福岡県小郡市）は、19年7月の豪雨で最大40センチメートル冠水する被害を受けた。この店舗は18年7月も豪雨で最大1・2メートルの冠水被害を受け、復旧まで約3カ月を要したばかり。今回はその際に設置した200メートルの防水壁とは別の経路で浸水した。イオンモール成田（千葉県成田市）も19年6月のゲリラ豪雨で冠水している。

被災した商業施設はいずれも河川沿いに立地する。洪水ハザードマップ上では、浸水想定区域として赤く塗られている場所だ。想定浸水深度は浅い所で1～2メートル、千曲川沿いは実に10～20メートルに達している。

■浸水被害に遭った主な商業施設

商業施設名	所在地
イオン小郡ショッピングセンター	福岡県小郡市
イオンモール成田	千葉県成田市
ユーパレット赤沼ショッピングモール	長野県長野市
ピオニウォーク東松山	埼玉県東松山市
ベイシア大平モール	栃木県栃木市
茂原ショッピングプラザアスモ	千葉県茂原市

(注)2018〜19年の被害施設
(出所)報道を基に筆者作成

浸水区域は規制の対象外

実は、自治体側が商業施設の建築許可を出す際に、根拠とする都市計画法、建築基準法のいずれにも、浸水想定区域を除外する規定はない。

人命に関わる土砂災害には除外規定があるので、除外基準も存在するが、水害に関しては、過去の降雨実績や地盤の状況などから、雨水を敷地外に出す縦樋や配水管などのサイズについての規定があるだけだ。そのため、上から降ってくる雨水に対応できても、河川が氾濫してしまえば、押し寄せる洪水には意味を成さない。

自治体が水害対策を施主に求める法的根拠はなく、行政が指導しない以上、被災によって最も不利益を被る商業施設の所有者が自ら対策を立てるしかないのが現状だ。

ピオニウォーク東松山は「変電設備の周囲を防水壁で囲う」、ユーパレット赤沼は「変電設備の設置場所を高位置にする。防災マップで想定浸水区域に指定されている区域への出店基準については、今後の検討課題と認識している」と言う。

人が暮らすうえでの利便性を考えれば、何百年かに1度の災害を前提に、浸水想定区域に建物を建てさせないという選択肢はない。実際、浸水した商業施設の周辺にはほかの大規模な商業施設はおろか、公共施設ですら多数建設されている。

異常気象が頻発する中、大規模商業施設を運営する企業は、建築関連法規を守っているだけでは自衛できないことは明白。より抜本的な水害対策が求められる。

（金融ジャーナリスト・伊藤　歩）

【地震】進まない用地買収と耐震化

首都直下地震への備えは不十分

フリーライター・漆原次郎

いつ起きてもおかしくない首都直下地震。

死者2万3000人、負傷者12万3000人、帰宅困難者800万人——。

首都直下でマグニチュード7クラスの地震が起きたときの首都圏での最大被害想定だ。内閣府の中央防災会議が東日本大震災を受けて、2013年に最終報告としてまとめた。この巨大地震が発生する確率は「今後30年間で70%程度」と予測されている。

首都圏で最も被害想定が大きいのは東京都だ。都は、地震に関する地域危険度を開示している。都内5177町丁目について、建物倒壊危険度、火災危険度、災害時活動困難度の3つの視点で評価、それらを組み合わせた総合危険度をおおむね5年に

1度公表している。最新第8回の調査結果は2018年3月に示された。

危険度の高いランク5、4、3が多いのは山手通り(環状6号線)と環状8号線の間。とくに東京北東部に多くある「木密」と呼ばれる木造住宅密集地域とほぼ重なっている。木密でひとたび火災が起きれば、広域に延焼していくのは想像にかたくない。実際、1995年の阪神・淡路大震災では、木密の多かった神戸市長田区で約52万4000平方メートルの床面積が焼失した。地震による被害を抑えるには、木密での火災を防ぐことが欠かせない。

そのため都は12年から「木密地域不燃化10年プロジェクト」を実施している。木密を不燃化、つまり燃えない、あるいは燃えにくい地域にするため、老朽建物の除却にかかる費用の助成などを行っている。甚大な被害が想定される約6900ヘクタールを整備地域に指定し、その地域の不燃領域率を「20年度までに70%にする」という目標を掲げている。不燃領域率とは、不燃化建物や道路、空地などの状況から算出するもので、70%を超えると延焼による焼失率はほぼゼロになる。

また、延焼を遮断するための主な都市計画道路を28区間選定し、それらを「20年度までに100%整備する」という目標も掲げる。

首都直下地震の被害想定

人的被害	死者	建物倒壊などによるもの	6400人
		地震火災によるもの	1万6000人
		計（概数）	2万3000人
	負傷者		12万3000人
物的被害	建物被害	揺れによる全壊	17万5000棟
		地震火災による焼失	41万2000棟
		液状化による全壊	2万2000棟
		急傾斜地崩壊による全壊	1100棟
その他	経済被害	建物被害・サービス低下など	95兆円
	避難者	2週間後のピーク	720万人
	帰宅困難者		800万人

（注）首都直下マグニチュード7クラスの地震での最大被害想定
（出所）政府の中央防災会議「首都直下地震の被害想定と対策について」

目標達成は絶望的

だが、期限間近である現在、これらの目標達成はもはや絶望的だ。目標70%の不燃領域率は、11年度の58%より上昇したものの、「17年度末の推計値が62・5%」(都市整備局経理課)。道路に至っては「用地買収の契約ができたのは面積ベースで約50%。何らかの形で工事に着手できたのは28区間のうち10区間」(建設局)にすぎない。

不燃化10年プロジェクトは予算がついていても執行しきれていない。18年度は約600億円の予算がついたが決算額は約360億円。予算の9割以上を占める用地買収が進んでいないからだ。「地権者と交渉し理解を得て契約できればよいのだが、そこまでいかずに時間がかかっている」(建設局)。

法的には強制収用が可能な都市計画道路ではあるものの、都は任意買収を基本方針としており、強制収用は行っていない。延焼を遮断する道路ができれば多くの人命と建物が救われることは確かだ。だが、長年暮らした家を他人のために離れてくれと頼んでも理解を得るのは容易ではない。

都は19年末、不燃化10年プロジェクトの実質継続を表明した。

これについて、防災や自治体行政に詳しく板橋区の防災課長を務めた経験もある跡見学園女子大学教授の鍵屋一氏は「未達になる理由を検証しないと、同じことを繰り返しかねない」と警鐘を鳴らす。

首都直下地震での被害を最小限にするには「何よりも住宅の耐震化を優先すべきだ」と鍵屋氏は指摘する。木造住宅を耐震化すれば、揺れによる死傷者が減少することはもちろん、住宅が大きく毀損しないので火災が発生しにくくなり、木密地域での延焼が防げるという考えからだ。

実際、阪神・淡路大震災では出火件数と建物全壊率に密接な相関関係が見られた。耐震化で死傷者が少なく済めば、住民の初期消火力も高まるだろう。さらに整備地域以外でも古い木造アパートを防災住宅に改良したり、古い家を除却してオープンスペースを増やしたりすることを鍵屋氏は提案する。

沿道建物の耐震化も困難

都はまた、特定緊急輸送道路の沿道にある建物の耐震化を進めている。救命、消火などに必要となる緊急輸送のための道路が、沿道建物の倒壊によってふさがれないようにする方策だ。耐震診断と補強設計にかかる費用について、国などとともに助成金を出す。

目標耐震化率は「19年度で90%」「25年度で100%」だ。しかし19年6月末時点で85・7%。やはり目標達成は厳しい。対象建物の耐震診断は義務づけられたが、診断で耐震化が必要とされた場合でも、耐震改修は努力義務にとどまっている。「耐震の手法には改修、取り壊し、建て替えがある。いずれも所有者の財産権に関わるという議論があり、耐震の義務化まではできなかった」(都市整備局)。

都は新たな方針案を19年12月に打ち出した。目標を、耐震化から通行機能確保へ改定する内容だ。その指標である大規模救出活動拠点への到達率を検証したところ、「目標をほぼ達成」(検討委員会資料)できたという。

だが、期限の直前になって目標を変え「ほぼ達成」とするのは本当に事業の目的にかなっているのだろうか。

不燃化10年プロジェクトも、実はそれ以前から都が取り組んでいた「防災都市づくり推進計画」がはかどらなかったため、10年間で重点的・集中的に木密の防災を進めようとしたプロジェクト。防災に関わる事業は目標を達成できず持ち越されることが少なくない。

用地買収や建物の耐震化には地権者や所有者の合意が必要。都のある職員は「人の財産の強制買収や耐震化は容易ではない。法律化しようとしても議会を通らないだろう。建物の耐震化を義務づけることは諦めている」と本音を明かす。

小池百合子都知事は1月15日、国と都が防災対策で連携する「災害に強い首都『東京』の形成に向けた連絡会議」の初会合で、「首都直下地震が今後30年間で70％の確率で起こる可能性があるということは『起こる』と翻訳してもいい」と発言し、関係者に危機感を喚起した。起きてからでは取り返しがつかないことは皆わかっているはず。だが、首都直下地震への対策は不十分なままだ。

漆原次郎（うるしはら・じろう）

1975年生まれ。出版社で8年にわたり理工書の編集をした後、フリーランス記者に。経済誌などに科学技術関連の記事を寄稿。日本科学技術ジャーナリスト会議会員。

大規模災害で停電が深刻化

今や生活に最も欠かせないインフラの1つである電力。災害時はどうなるのか。

東日本を直撃した台風19号は、関東や東北に甚大な被害をもたらした。東京都北区にある国土交通省・荒川下流河川事務所の檜森裕司副所長は、今まで見たこともない水位の上昇を見て不安を募らせていた。

しかし、いくつかの幸運が重なり、東京は洪水から守られた。台風の目の後方に雨雲が少なく、台風の通過とともに雨量が減少。一時計画された上流のダムの緊急放流が取りやめになった。そして、水かさが増したタイミングと、干潮時が運よく重なったため、河口に向かって急速に水が流れ出した。「もしも、増水と満潮が重なっていたら、水位はもっと上昇していたかもしれない」（檜森副所長）。

約121万軒が停電に

荒川の洪水が懸念されるのは、「首都圏水没」に直結しかねないためだ。内閣府の中央防災会議の専門調査会は2010年4月、首都圏水没のシナリオを検証した報告書をまとめた。東京都北区にある荒川右岸21キロメートル地点の堤防が決壊すれば、大手町や丸の内など都心部を含め約120万人に浸水被害が発生するという。

中でも電力インフラが受けるダメージは大きく、「浸水地域では電力が停止する可能性が非常に高い」と報告書は指摘した。東京電力の試算結果によれば、送配電施設の被災を通じて約121万軒が停電すると想定されている。

憂慮されるのは、上下水道や通信施設、鉄道などほかのライフラインも、電力供給の途絶によって影響を被り、復旧が長期化しかねないことだ。東京都および埼玉県の想定結果によれば、下水処理場の機能停止により、合計で約175万人の生活に影響が生じ、復旧には数カ月もかかると見込まれている。

加えて懸念されるのが、ビルやマンションなどに設置された受変電設備の浸水による停電だ。前出の約121万軒にこれらの被害は含まれておらず、さらなる停電軒数の増加も懸念される。

　前出の報告書では「浸水地域ではオフィスビルや工場などの下層階に設置されている受電・配電設備等が被災することにより停電が生じ、設備復旧までに数カ月を要する場合も考えられるなど、地震とは異なる被害事象が生じる」との指摘もある。

■ 利根川、荒川が決壊すると電力供給は途絶する

都県名	利根川右岸136km地点（埼玉県加須市）決壊時		荒川右岸21km地点（東京都北区）決壊時	
	停電電力	停電軒数	停電電力	停電軒数
東京都	約67万kW	約43万軒	約387万kW	約93万軒
埼玉県	約46万kW	約16万軒	約60万kW	約28万軒
合計	約113万kW	約59万軒	約447万kW	約121万軒
浸水区域内人口	約230万人		約120万人	

（注）顧客設備（受電設備、配電盤など）の被災による停電は除く。停電電力、停電軒数は、東京電力による初期対応（事前系統切り替え）後の想定。浸水区域内人口は中央防災会議による想定　（出所）中央防災会議「大規模水害対策に関する専門調査会報告書」（2010年4月）

専門調査会で副座長を務めた河田惠昭・人と防災未来センター長は、「首都大水害時の対策について、企業などの電力の需要側ではほとんど進んでいない。電力が長期にわたって途絶した場合どれだけ自社に被害が生じるかを考慮に入れ、企業は事前に対策を講じるべきだ。また、地球温暖化の進行で想定以上の風水害の発生が懸念される。そのときの被害も考えておくべきだ」と警鐘を鳴らす。

水害と並んで懸念されるのが、首都直下地震による電力関連の被害だ。中央防災会議「首都直下地震対策検討ワーキンググループ」が13年に報告書を公表している。それによれば、最も被害が大きいとされる「都心南部直下地震」の場合、最大で約1220万軒（東電の供給エリア全体の約5割）の停電が想定されている。東京湾岸に集中立地している火力発電所の被災によって、広域で停電が発生。「設備の復旧には1カ月程度を要する」と報告書は指摘している。

設備に深刻な被害がなければ火力発電所の多くが1カ月後には運転を再開し、停電はほぼ解消するとされている。ただし、設備が深刻な損傷を受けたときの影響は計り知れない。「被災した火力発電設備に必要な部品調達に数カ月を要する場合、復旧までの時間がさらに長期化する可能性がある」とも報告書は指摘している。

そして、こうした事態を想定し、製造ラインの複数拠点化や、自家発電・コージェネレーション（熱併給自家発電）といった自己電源比率の向上を企業に求めている。

■ 首都直下地震では約5割が停電に

	想定供給能力	ピーク電力需要に対する割合
被災直後	約2700万kW	51%
被災1週間後	約2800万kW	52%
被災1カ月後（ほぼ復旧）	約5000万kW	94%

（注）首都直下地震での想定。火力発電所の運転停止などにより供給能力は5割程度に減少。需給バランスが不安定になり、広域で停電が発生。電柱（電線）などの被害による停電は全体の1割以下と想定

（出所）中央防災会議「首都直下地震の被害想定と対策について（最終報告）」（2013年12月）

東電の対策の進捗状況

大水害や首都直下地震時の被害想定や政府報告書の提言内容を踏まえ、東京電力グループはどのような対策を講じているのか。

東電によれば、大規模災害を想定して、被災しにくい設備の構築、被災時の影響の軽減、被災設備の早期復旧、という3つの観点から広範囲・長時間に及ぶ停電の発生を防いだり、影響を小さくしたりする取り組みを進めている。

例えば被災しにくい設備の構築に関する地震対策としては、「火力発電設備や送変電設備、事業用建物などについて、耐震補強を実施。浸水対策としては、止水壁の設置など建物防水を基本とし、浸水が深くなることが想定される建物については、非常用外部電源引込盤の設置を進めている」という。

また、被災時の影響の軽減については、「設備の多重化・多ルート化による影響の極小化、自動停電復旧システムの構築」を行い、被災設備の早期復旧対策では「被災した設備の状況の早期把握や復旧の優先順位づけなど対処方法を決めていくとともに、日頃からハード・ソフト両面でさまざまな準備を進めている」（東電）。

最重要設備の1つである本社ビルについては、「系統電源と別に非常用発電機を設置。水害対策として、行政のハザードマップなどを参考に、建物開口部への止水板設置などの対策をしている」。

台風19号の際には、想定する浸水深を上回るレベルの浸水によって栃木県と千葉県で変電所が被害を受けた一方、影響を最小限にする取り組みにより、「最終的に約18時間以内で当該エリアではすべての停電が解消した」という。

もっとも、台風19号よりも被災の規模が桁違いに大きい首都圏水害や首都直下地震を想定した対策がどこまで進捗しているかは、見えにくいのが実情だ。

浸水対策について東電は「国の『首都圏大規模水害大綱』に基づき、対象となるエリア内の浸水リスク評価と計画的な対策を実施している」という。ただし本社ビルを除く重要設備の浸水対策の具体的な実施状況は明らかにされていない。電力設備の性質上、場所や対策内容を明らかにすると、テロなど外部からの攻撃を招きかねないという事情があるためとみられるが、対策そのものが難しいという事情もありそうだ。

（岡田広行）

企業は電力供給源を多重化　個人は電気火災の防止を

災害時に最も注意すべきことは、電気に起因する火災だ。

内閣府・中央防災会議の首都直下地震対策検討ワーキンググループ（WG）の報告書では最大約2万3000人の死亡が想定されている。うち約1万6000人が地震火災による死者だ。複数地点の同時出火や火災旋風で多くの被害が出るおそれがある。

とりわけ懸念されるのが電気に起因する火災。1995年の阪神・淡路大震災では、出火原因が判明している火災のうち電気に起因する火災が、6割以上を占めている。電気ストーブの熱で雑誌類に着火したり、電気コンロの熱で家具類が燃えたりした。

火災による被害を少なくするうえで有効だとされている対策の1つが、大きな揺れを感知した場合に電力の供給を自動的に遮断する「感震ブレーカー」を各家庭に設置すること。前出の報告書には、「感震ブレーカー等の100%配備の方策の検討を進め、早急に実施すべきである」と記されている。

感震ブレーカーの有効性

大地震時には、電気ストーブが転倒したり、家庭内の配線が損傷したりすることが多い。それに気がつかないまま、停電から復旧すると、電気火災につながるケースがある。感震ブレーカーが働いていれば、そうした火災を防ぐことができる。

その効果に期待して、各自治体は感震ブレーカーの普及に取り組む。横浜市は指定した住宅密集地域を対象に、感震ブレーカーの購入費用を補助する取り組みを進めている。2019年度は、対象に含まれる地域の町内会で申し込めば、設置費用の5割が補助される。

老朽化した住宅の建て替え促進などと合わせた感震ブレーカー普及の取り組みにより、大規模地震時に指定地域で想定される焼失家屋（約6万4000棟）の大幅な減少を目指す。

中央防災会議の報告書には、無電柱化（電線の地中化）も、延焼被害の有効な抑制対策として盛り込まれている。電柱が倒壊し道路をふさぐと消防車が通行できなくなり消火活動の妨げとなる。無電柱化すればそれを防げる。

東京都は、17年に全国に先駆けて無電柱化推進の条例を制定するとともに、無電柱化の対象エリアの拡大、都内の区市町村への財政支援などを実施。首都直下地震を想定しての備えを進めている。都は、「24年度末に第1次緊急輸送道路の無電柱化率50％、うち環状7号線100％完了」を目標として掲げる。

ただ国土交通省の調べによれば、16年度末時点での東京23区内の無電柱化率は、区道などを含めた全体ではわずか8％。電線共同溝の整備には1キロメートル当たり約5・3億円（国交省調べ。全国ベース、14年度）の費用を要し、一般に道路延長約400メートルの無電柱化には約7年もかかるという。都は東京電力グループなどと連携して、低コストの工法による整備を進めている。

2004年の文部科学省「地震調査委員会」の報告によれば、南関東でマグニチュード7クラスの地震が発生する確率は30年間で70％。地震への備えは時間との戦いだ。

■出火原因の明らかなもののうち約6割が電気火災

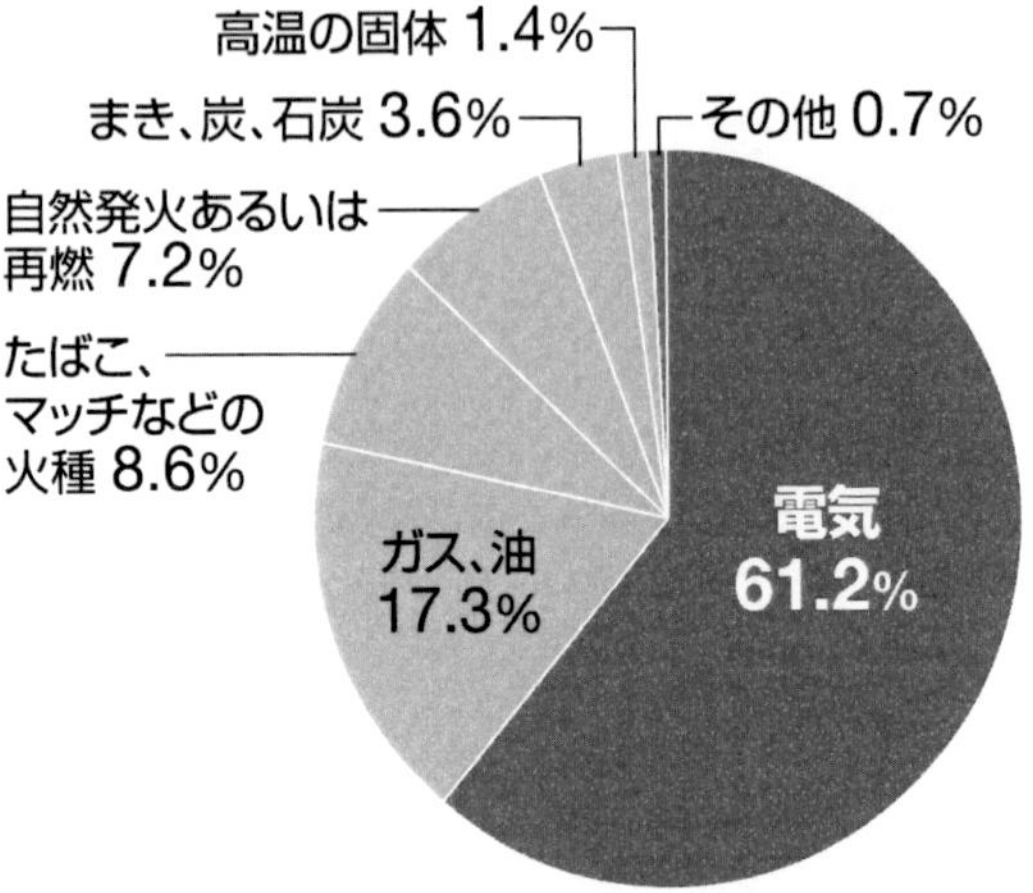

（注）阪神・淡路大震災における出火原因判明139件の内訳。このほかに出火原因不明146件がある
（出所）消防庁「地震時における出火防止対策のあり方に関する調査検討報告書」（1998年）

電力途絶への備え

首都直下地震が起きた場合の電力の途絶は、1週間を優に超えるとみられる。中央防災会議・首都直下地震対策検討WGメンバーを務めた中林一樹・首都大学東京名誉教授は、「13年の報告書では、電力の供給力は発災直後に半分程度に減少すると想定した。しかし今議論すれば、18年9月に発生した北海道電力の事例も勘案して、都内のみならず東電管内全域でブラックアウト（全域停電）が起きる可能性もある、と書くことになるかもしれない」と警告する。

そのうえで中林氏はこうも指摘する。「ブラックアウトを回避するため、東電はエリアを決めて計画停電を実施し、電力の需給バランスを確保するという。だが、需給バランス確保は非常に難しい」。

そうした状況下で企業が業務を継続するにはどうすればいいか。1つの方策は、エネルギー確保手段の多重化だ。電力会社からの系統電力だけに頼るのではなく、コージェネレーション（熱併給自家発電）により、日常的に自前で電力を確保するほか、多様な非常電源の確保などの方法がある。東京ガスと三井不動産は、東京・日本橋に共同で設置したエネルギー供給拠点に、ガスによるコージェネを導入した。これにより、大規模災害時に系統電力が途絶した場合でも、必要な電力の約5割を賄うことができるとしている。約2万人が働く対象エリアのビルに加えて、エリア内の百貨店、ホテルにも電力を供給。「エレベーターを動かし、トイレもコンセントも使うことができる」（豊田光雄・東京ガススマエネ事業推進部長）。

ＮＴＴグループも電力供給のレジリエンス（強靱化）に本腰を入れようとしている。電力ビジネスを統括するＮＴＴアノードエナジーは、「バックアップ電源事業」の一環として、「有事を含めた顧客への電力供給の目的で、約１２０万キロワット時の蓄電池の導入を計画している。蓄電池はＮＴＴの局舎などに設置する」（谷口裕昭・取締役経営企画部長）。

浸水対策も急務に

洪水など浸水への対策も急務だ。国交省と経済産業省は、台風１９号で川崎市内のタワーマンションなどが浸水により停電したことを踏まえ「建築物における電気設備の浸水対策のあり方に関する検討会」を設置。浸水対策のガイドラインを20年春に取りまとめる。

マンション建設大手の長谷工コーポレーションは、顧客の不動産開発会社に対して19年12月から浸水対策の新たな提案を始めている。電気室の入り口に止水扉を設置することなどが対策の柱だが、「電気室を2階に設置する提案をする可能性もある」（布施谷成司・執行役員）。40万戸に上る既存の管理物件についても、19年12月から止水板設置など浸水対策の提案を始めた。

自治体では徳島県の取り組みが注目される。南海トラフ巨大地震が発生すれば浸水で電力確保が困難になるとの想定を踏まえ、県庁舎の浸水対策を11年11月から約3年半かけて実施した。その内容は、地下2階の「主要機械室」への水密扉の設置、耐震工事を実施したうえでの自家発電設備および受変電設備の地下2階から屋上への移設などで、総額14億円を投じた。

巨大地震の可能性に加え、地球温暖化による自然災害の激甚化もある。自然災害への備えの必要性が今ほど高まっている時はない。

（岡田広行）

【対談】今後のあるべき姿とは …

インフラ更新費は年9兆円　まずは公共施設の削減を

東洋大学　経済学部教授・根本祐二
慶応大学　経済学部教授・土居丈朗

老朽化したインフラの更新に必要となる額が日本全体で年間約9兆円になると試算する根本祐二氏。財政の専門家である土居丈朗氏と、日本のインフラの今後とあるべき姿について対談した。

【根本】インフラ老朽化が財政に与える影響を把握したいという自治体からの要望を受け、私はある計算方法を編み出した。自治体が保有している学校・庁舎といった公共施設や、道路・橋梁といった土木インフラについて、必要な更新額を試算するものだ。

計算式でいうと「物理量 × 更新単価 ÷ 耐用年数」。物理量は公共施設の面積や道路の距離など。更新単価と耐用年数は総務省の情報を基に設定した。こうして更新費用を計算し、日本全体で集計すると9・17兆円になった。

耐用年数が経過したからといってすぐ更新しなくてもよいが、耐用年数到来以前に機能不全に陥るインフラもあるので、ここでは耐用年数ごとに更新すると仮定した。

しかもこれが毎年かかる。この試算は今後50年を考えたものだが、51年目には老朽化している。そのとき同様の計算が必要になる。つまり今の公共施設や土木インフラをすべて維持しようとしたら、未来永劫、更新費用だけで毎年約9兆円かかる。現在の更新費は不明だが、国土交通白書などから推計すると約2兆円。差し引き7兆円が今後の負担増になるとみられる。

【土居】国家予算の公共事業費は現状、年間約6兆円。そのすべてが更新費用というわけではない。更新だけで毎年9兆円かかると、公共事業費は膨大になる。人口がどんどん減っていく日本で、その負担はあまりに重い。

公共事業による経済波及効果は以前より低くなっている。利用者の多いインフラはほぼ整ったので、新設するものは利用者の少ないインフラになるからだ。また、最近の公共事業は防災・減災という観点からのものが多いが、それらは新たな富をほとんど生まない。

結論としていうと、今あるインフラのすべてを更新し維持していくことは不可能だ。重要性の高いところから優先的に維持・補修していく取捨選択が重要だ。

【根本】選択に当たっては、今までと違う形で公共サービスを提供できないか考えるべきだ。集会所がなくてもファミリーレストランなどを使えば集会はできる。文化ホールがなくても文化は育つ。どんな空間でも公共的な活動はできる。公共施設は大幅に減らせるはずだ。

中途半端に全部残そうとすると、財源が息切れして、すべてが残らないことになりかねない。減らしたうえで、残すべき公共施設はしっかり残すことが重要だ。

一方、土木インフラについては、減らすと途端にクオリティーが下がることがある。

水道をなくすと人の生死に関わるし、道路が途切れると地域間を結ぶネットワーク機能が低下する。だから土木インフラは公共施設より残すべき優先度が高い。

上手にギブアップ

【土居】同感だが、今の土木インフラをすべてそのまま保守すべきだとは思わない。道路はアスファルトで舗装されていなくても使える。砂利道でいいところもある。片道2車線の道路を更新するとき、通行量や予算を考えて1車線にすることもやむをえない。橋梁も例えば1エリアに4本あって人口減で利用が減っていれば更新は2本だけにするといったことが必要だ。

【根本】維持・更新をギブアップする土木インフラも出始めている。北海道では、この先の道路は除雪しないという看板が立っているところがある。また、舗装道路の耐用年数は10~15年だが、現場では30年ぐらい経たないと更新していない。橋梁も、点検で危険なものは使用停止にしているところがある。土木インフラでも必要性や予算を考え、上手にギブアップしていくことが求められている。

道路などネットワークインフラの重要度が高いのは、人が住んでいるところに供給しようとするから。人の住むエリアが限られていればネットワークは短くてよい。昔の日本人は自然災害が起きそうなところは避けるなど、住むエリアを限定していた。

【土居】人権的な配慮から、崖崩れが起きそうなところでも人が住んでいれば国や自治体は土木インフラを造ってきた。だが、そのときに欠けていた視点がある。補修や更新に費用がかかるということだ。そのためにお金を貯めていかなくてはいけない。企業会計でいう減価償却費の考え方だ。それがなかった。いまだに国の予算には減価償却費が計上されていない。

人が住むエリアは狭まる

【根本】日本は1970年代にインフラを集中的に整備した。それから50年経った2020年代は「第2のピラミッド」と呼ばれ、大量のインフラ更新を迎える。にもかかわらず日本政府の借金は増え続け、人口は減っている。増大する更新投資、膨大な借金の返済、減少する税収。経営できるはずのない状況に自らを追い込んでいる。

【土居】今後、人が住むエリアは狭まっていくだろう。人は80歳代になると病院へ通えず入院することが増える。団塊世代が80歳代になる30年代には病院へ〝移住〟する人が多くなる。また集落は人口が一定水準以下に減ると急速に不便さが増す。30年代には集落を出て移住する人が加速度的に増える。

2020年代の10年間は、人が住むエリアをどこにするか、どのインフラを更新すべきか、しっかり考えることが課題になる。

【根本】そのときにカギとなるのは「固定費を変動費に変える」考え方だ。今までの公共サービスは固定費型。資産を増やしサービスを提供してきた。だがこれからは、人口減に合わせて費用を減らせる変動費型にしていく必要がある。例えば図書館を造るのではなく移動図書館にする。自動車や船などに書籍と職員をのせ、地域を巡回し図書サービスを提供する。水も水道管を設置するのではなく給水車で提供する。下水も合併処理浄化槽で浄化して川に流すなど、線ではなく点のインフラを増やしていく。そうしたインフラづくりに民間企業も知恵を絞るべきだ。今後、アジアやアフリカで一斉にインフラが老朽化していくとき、巨大なビジネスチャンスになる。

根本祐二（ねもと・ゆうじ）
1954年生まれ。日本開発銀行、米ブルッキングス研究所客員研究員などを経て2006年から現職。著書に『朽ちるインフラ』など。

土居丈朗（どい・たけろう）
1970年生まれ。東京大学社会科学研究所助手、慶応大学准教授などを経て2009年から現職。主著に『地方債改革の経済学』など。

【学校】公共施設削減のターゲット

東京の小中学校が消える

学校が減っている。地方だけではない。東京都でも減っている。

2002～17年度に全国で実施された公立小中学校の廃校数は6489校、うち東京都は231校で、全国で5番目に多い。新設も考慮した公立小中学校の総数は、同じ期間に全国で4679校減り、東京都でも118校減った。

背景にあるのは少子化だ。公立小中学校に通う全国の子ども数はこの15年で約132万人減った。

東京都で廃校の多い有数の自治体は足立区。1987年に119校あった区立小中学校は104校まで減っている。今後も子どもの減少が予想されるため、統廃合が決まった学校や、検討対象となっている学校がある。

区は、小中学校ともに、1校当たり12～24学級を維持している学校を適正規模校と定義。この規模を満たさない学校を小規模校として、統廃合の検討対象としている。

だが、単に現時点での子どもの数だけで統廃合が決まるわけではなく、地域性や今後の人口推移などを見ながら総合的に判断している。複数校を1校に統合するときは、学校施設の充実も図っている。

東京都の公立小中学校廃校数は全国5位

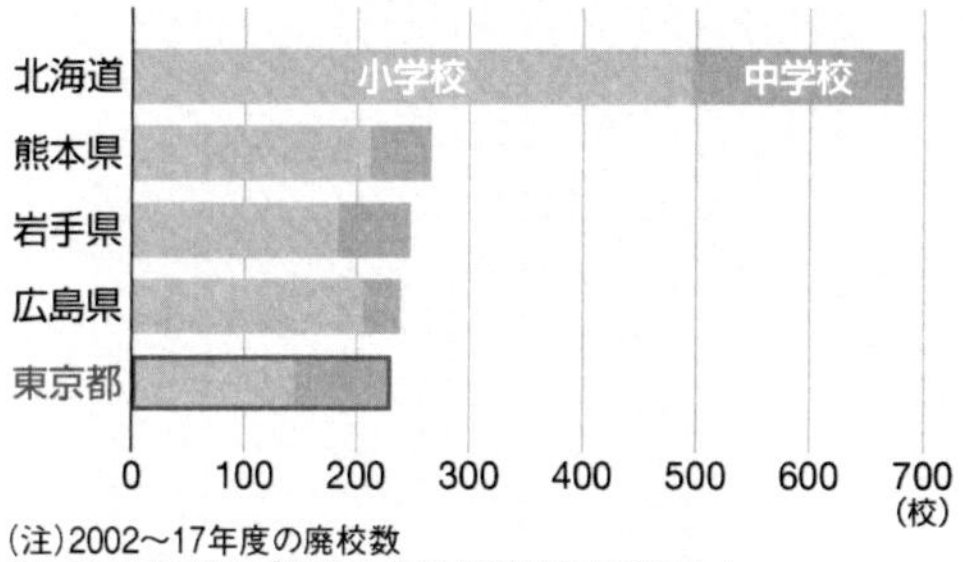

(注)2002〜17年度の廃校数
(出所)文部科学省「廃校施設等活用状況実態調査」

学校の避難所機能を拡充

また、公立小中学校は、災害時に避難所機能も担う。22年度に統廃合が予定されている江北小学校と高野小学校の場合、校舎改築後の備蓄倉庫のスペースを従来の2倍以上にする。水害が発生したときの避難所となるよう体育館は2階に設置する計画だ。

このように区は学校の統廃合によって、教育のみならず避難所としての機能の拡充も図ろうとしている。ただし学校数が減れば、そのぶん通学距離や避難時の移動距離が延びることは不可避だ。

これまで進めてきた学校統廃合について、区の担当者は、「区民からの理解はおおむね得られていると判断しており、統合後に保護者や子どもたちに取ったアンケートでも肯定的な意見が多かった」と説明する。ただし区民の中には、「これ以上、統廃合を進めるべきではない」とする考えもある。

足立区在住の元小学校教員、湯川一俊さんは、統廃合よりも1クラス当たりの子どもの数の見直しを図るべきだという。足立区では小1、小2、中1は35人学級、そのほかの学年は40人学級を基準としている。しかし湯川さんは、「多様な子どもがいる中で、1人の教員が40人に目を配るのは負荷が大きい」として、区費で教員を採用し、1クラスの上限を30人にすることを提案する。

そうなれば40人いる学年は2クラスとなる。「そのほうが教育の質の向上につながるはず。区が掲げる適正規模の概念が、私には適正と思えない」と指摘する。

また13年に入谷中学校と入谷南中学校の統廃合の計画が持ち上がったときに反対の声を上げたのが入谷町会長を務める市川眞さんだった。「これまで入谷地区は、2つの中学校がお互いに刺激を受け合いながら、よりよい学校になろうとしてきた。これが1つになれば街の活性化にもマイナスだし、子どもにもよい影響をもたらさない」と市川さんは考え、足立区教育長のもとを訪ね、統廃合の見直しを求めた。その後、入谷地区の統廃合については再検証の対象となっており、計画はいったん保留となった。その理由として足立区の担当者は「生産緑地の宅地化が今後進んだ場合、年少人口の増減に影響を及ぼす可能性がある」と説明する。

学校を減らす区がある一方で、学校新設を迫られている区もある。顕著なのが港区や中央区といったタワーマンションが次々と建っているエリアだ。

港区は、区立小学校に通う子ども数がこの15年間でほぼ倍増した。とくに東京湾に近い芝浦地域は倉庫群や工場跡地が次々とタワーマンションに生まれ変わり人口が急増した。芝浦小学校では教室が足りず、現在は仮設校舎を建てることで対応している。

そのため区としては25年ぶりとなる小学校新設を行う。22年度に芝浦第二小学校（仮称）を開校する予定だ。ほかにも赤羽小学校や高輪台小学校などで校舎の改築・増築を進め、子どもの数の増加に対応している。

港区は学校新設に慎重

ただし、さらなる学校新設については、「現状では考えていない」（港区教育委員会学校施設担当課）という。

区では27年度に16年度と比べ区立小学校の子どもの数が約1・6倍になるという推計を出している。しかし、その後は再び減少に転じる可能性もある。そこで増改築による教室増や、特別教室を普通教室へ転用することによって対応したい考えだ。

新設する芝浦第二小学校についても、区の公共施設である「みなとパーク芝浦」に隣接する9階建ての建物とし、将来は学校施設以外へ転用することも可能な設計としている。

実は東京都の公立小中学校での子どもの数は、40年単位でみると約64万人減ってほぼ半分となったが、20年単位でみると約3万人増えている。小学生は2000年以降、中学生も05年以降、増加に転じている。都では、小学生は25年まで、中学生は29年まで増え続けると予測している。

ただし子どもの増加が著しいのは都心の区部のみ。八王子市など西部の市区や、足立、葛飾、江戸川など東部の区ではすでに横ばいから再び減少に転じつつあり、同じ都内でも二極化が進んでいる。子どもの減少エリアで学校削減が進む一方、増加エリアでは新設に慎重なため総数は減少している。

学校は自治体にとって中心的な公共施設だ。その更新費用は財政が厳しい折、抑制が求められており、学校は公共施設削減のターゲットになっている。今後も東京都の小中学校は減っていくだろう。

（ライター・長谷川　敦）

水道管路の老朽化が深刻で危機的な状況

2020年1月9日午後2時すぎ、横浜市磯子区で水道管が破裂した。断水などで一時およそ3万戸に影響が出た。原因は1973年に設置した水道管からの漏水。車の通行で繰り返し荷重がかかったことや経年劣化などで破損したとみられる。

「日本の水道事業は危機的な状況にある」と警鐘を鳴らすのは日本政策投資銀行の地域企画部長の足立慎一郎氏だ。

水道インフラの老朽化、人口減少に伴う水道事業の収支悪化、関わる職員の高齢化と人材不足――「モノ・カネ・ヒト」の3分野がともに大きな課題を抱えている。とくに水道管路の多くは70年代に整備されたが、それらが耐用年数の40年を超え、本格的な更新時期を迎えつつあるのに作業が遅々として進まない。

後のグラフは耐用年数を超えた水道管路が全体に占める比率だ。年々上昇し、2017年度には16・3%に達している。一方、同図の折れ線グラフが示す更新率は17年度0・7%にすぎない。すべてを更新するのに約143年もかかってしまうことになる。耐用年数40年のインフラについての更新率とは思えない低さだ。

老朽化する水道管。全更新には143年必要

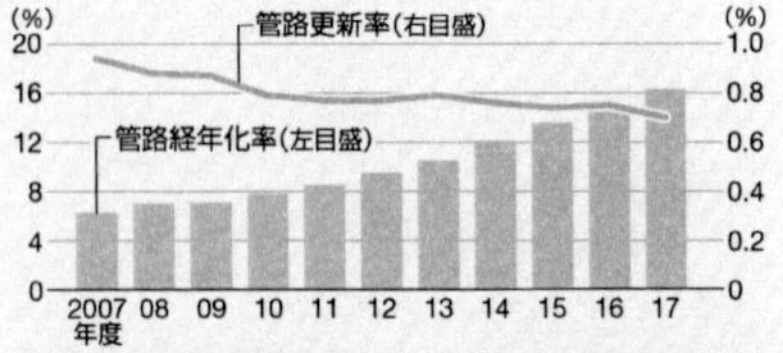

（注）管路経年化率は管路総延長に対する法定耐用年数を超えた水道管路延長の割合で、老朽化の度合いを示す。管路更新率は当該年度に更新した水道管路延長の割合で、更新ペースを示す　（出所）厚生労働省水道課資料

水道料金が高い自治体

順位	都道府県名	市区名	水道料金（円）
1	千葉県	勝浦市	6,630
2	千葉県	富津市	5,842
3	千葉県	香取市	5,594
4	千葉県	鴨川市	5,562
5	千葉県	旭市	5,443
6	千葉県	君津市	5,421
7	千葉県	匝瑳市	5,339
8	千葉県	山武市	5,157
〃	千葉県	大網白里市	5,157
10	千葉県	木更津市	5,097

水道料金が安い自治体

順位	都道府県名	市区名	水道料金（円）
1	神奈川県	南足柄市	1,976
2	東京都	昭島市	2,181
3	埼玉県	戸田市	2,235
4	神奈川県	秦野市	2,246
5	埼玉県	和光市	2,289
6	埼玉県	本庄市	2,322
7	埼玉県	ふじみ野市	2,329
8	埼玉県	東松山市	2,386
9	千葉県	八千代市	2,397
10	千葉県	習志野市	2,486

（注）東京、千葉、埼玉、神奈川の1都3県の市区が対象。2019年6月時点。料金は24㎥使用時
（出所）東洋経済新報社刊『都市データパック2019年版』

更新が行われない背景には水道事業の収支悪化がある。水道事業は原則として自治体が経営する。利用者が払う水道料金は自治体が定め、その収入によって水道供給にかかる費用を賄っている。

自治体の面積や地形によっては長い水道管路が必要になる。人口が少なかったり人口減少が進んだりすると、水道料金を大幅に引き上げないと黒字を維持できない。東京、千葉、埼玉、神奈川の1都3県の市区での水道料金の格差はすでに約3倍に及んでいる。

職員の高齢化や人手不足も更新が進まない理由となっている。全国の水道事業の技術系職員のうち約4割が50歳以上。中には技術系職員が1人しかいない自治体もあり、技術の継承も難しい。更新工事を行いたくても思うように発注できない現実がある。

40年には平均36%値上げ

今後、ほとんどの自治体で水道料金の値上げが必要となるだろう。ＥＹ新日本有限責任監査法人が各水道事業体が赤字経営とならないために必要な値上げを予測したところ、40年までに全国平均で36%の値上げが必要となった。うち1都3県で値上げ幅が大きい所を次表に示した。水道料金が2倍以上になるとみられる市区は6つに上る。

■ **水道料金の大幅値上げが予想される東京圏の自治体**

順位	都道府県名	事業主体名	値上げ率（%）	2015年料金（円）	40年時点予測料金（円）
1	千葉県	千葉市	184	2,640	7,491
2	千葉県	市原市	165	2,640	6,987
3	埼玉県	深谷市	151	1,770	4,436
4	千葉県	山武市	118	4,233	9,242
5	千葉県	南房総市	111	3,790	8,007
6	埼玉県	狭山市	110	2,214	4,644
7	千葉県	三芳水道企業団（館山市、南房総市）	86	3,790	7,046
8	千葉県	勝浦市	84	5,291	9,729
9	千葉県	八千代市	83	1,771	3,240
10	東京都	昭島市	80	1,598	2,878
11	埼玉県	秩父市	74	3,326	5,802
12	埼玉県	朝霞市	66	1,998	3,323
13	埼玉県	久喜市	64	2,926	4,801
14	千葉県	長生郡市広域市町村圏組合（茂原市など）	60	3,871	6,189
15	千葉県	四街道市	59	2,268	3,609
16	埼玉県	日高市	58	2,160	3,405
17	千葉県	富津市	56	4,212	6,579
18	埼玉県	羽生市	54	2,370	3,657
19	千葉県	山武郡市広域水道企業団（東金市など）	51	4,228	6,396
20	千葉県	八街市	49	3,890	5,791
⋮	⋮	⋮	⋮	⋮	⋮
58	東京都	東京都水道局（23区など）	17	2,430	2,845

（注）値上げ率は2040年時点で想定される水道料金（赤字経営とならないために必要な値上げの率）を15年実績と比較したもの。東京、千葉、埼玉、神奈川の1都3県の市区が対象。各料金は20㎥使用時　（出所）EY新日本有限責任監査法人「人口減少時代の水道料金はどうなるのか？」（2018年3月）を基に本誌作成

こうした厳しい状況を受け政府は18年12月に水道法を改正。水道事業の広域化や官民連携をしやすくした。広域化とは複数の自治体の水道事業を1つにして広域的に経営すること。総務などの管理業務の効率化や、設備の維持・運営費用の削減などが期待できる。

広域化をすでに実現している自治体もある。香川県は18年4月、全国で初めて県全域で水道事業を統合した。「水に苦しんできた」（香川県の担当者）県ならではの決断だ。県内に大きな川がなく、近隣の高知県にある早明浦（さめうら）ダムに水道用水の約半分を依存している。

統合から1年以上が経ち、管理業務の集中化のほか、工事の入札・契約制度の一本化による発注の効率化なども実現した。

だが、水道料金が統一できるのは28年度以降。その実現に向けて8市8町の協議・調整を進めているが、かなり先のことなので計画どおり進むのか予断を許さない。

もう1つの官民連携とは水道事業の運営そのものを民間企業に委ねるもので、コンセッション方式と呼ばれる。自治体が水道施設の所有権は持ち続けるが、運営権を民間企業に20年など長期にわたって譲り、対価を受け取る。運営権を買い取った企業は、水道料金を設定し利用者から徴収し、設備の維持管理などを行って水を供給する。浜松市や宮城県で導入の検討が行われている。

浜松市は官民連携を延期

浜松市の場合、17年度に導入可能性を調査。水道料金は今後25年間で46%程度の値上げが必要だが、コンセッション方式を導入すれば値上げ幅を39%程度まで抑制できることがわかり、導入の検討を始めた。しかし、検討が始まると市民から反対の声が強まった。「浜松市の水道民営化を考える市民ネットワーク」の事務局長を務める池谷たか子氏は「安心安全が大切な水道の事業は、利益目的の民間企業に委ねるのではなく、市が責任をもって運営するべきだ」と話す。

19年1月、鈴木康友市長は「検討も含めていったん延期」と発表した。「民間企業に任せてしまうのではないかという懸念が多く、コンセッションという複雑な仕組みを理解してもらうのは短期間では難しいと判断した」ためだ。

市の担当者は「コンセッション方式は完全民営化ではなく、市が最終責任者となるのに、理解してもらえない。今は市長が『検討も含めていったん延期』と表明したので、検討すらしていない」と言う。

一方、宮城県では19年12月に上下水道、工業用水の運営権の売却を決定。運営会社を公募し、22年4月から運営の多くを委ねる方針だ。人間の命に関わる水道は安心安全が最重要だ。それを持続させるのは自治体だけでできることか。関係者が知恵を持ち寄ることが求められている。

（福田　淳）

【ＰＦＩ】費用削減と民間活用の切り札

官民連携プロジェクトの思惑　ＰＦＩ開始20年の通信簿

官民が連携して公共施設を運営するＰＦＩ制度が始まって約２０年。案件は公民館から病院や刑務所まで７４０件、総事業規模は６・２兆円強に積み上がった。

ＰＦＩとは民間資金等活用事業の頭文字を取ったもの。従来の公共事業は自治体が施設を建てる際、細かく仕様を決め、専門の各業者に設計や建設、維持管理を発注する必要があった。これを仕様発注という。一方、ＰＦＩは性能発注といって大枠のみを決めて発注する。民間業者がこの事業に特化したＳＰＣ（特定目的会社）を組成。ノウハウを生かし、資金調達から設計、建設、維持管理まで一貫して行うという点に特徴がある。

メリットは２つ。まずは民間業者のノウハウを活用することで事務作業の効率化や建設費、維持管理費の削減を行うことができる。行政より民間が手がけたほうが効率的にできるという試算を示した指標がVFM（バリュー・フォー・マネー）。日本PFI・PPP協会の調べによれば、約4割の案件でVFMは10％を超える。PFIを推進する内閣府は「財政負担は軽減されており、当初予期した効果は出ている」（PFI推進室）と強調する。

もう1つは事業費の延べ払い効果だ。PFIなら自治体は公共施設を建設する際に巨額の資金調達をする必要がなく、長期にわたってSPCにサービス料や施設使用料を支払えばよい。財政支出の平準化が可能になる。

公共施設の建設や運営を民間委託するのがPFI

―PFIの一般的なスキーム―

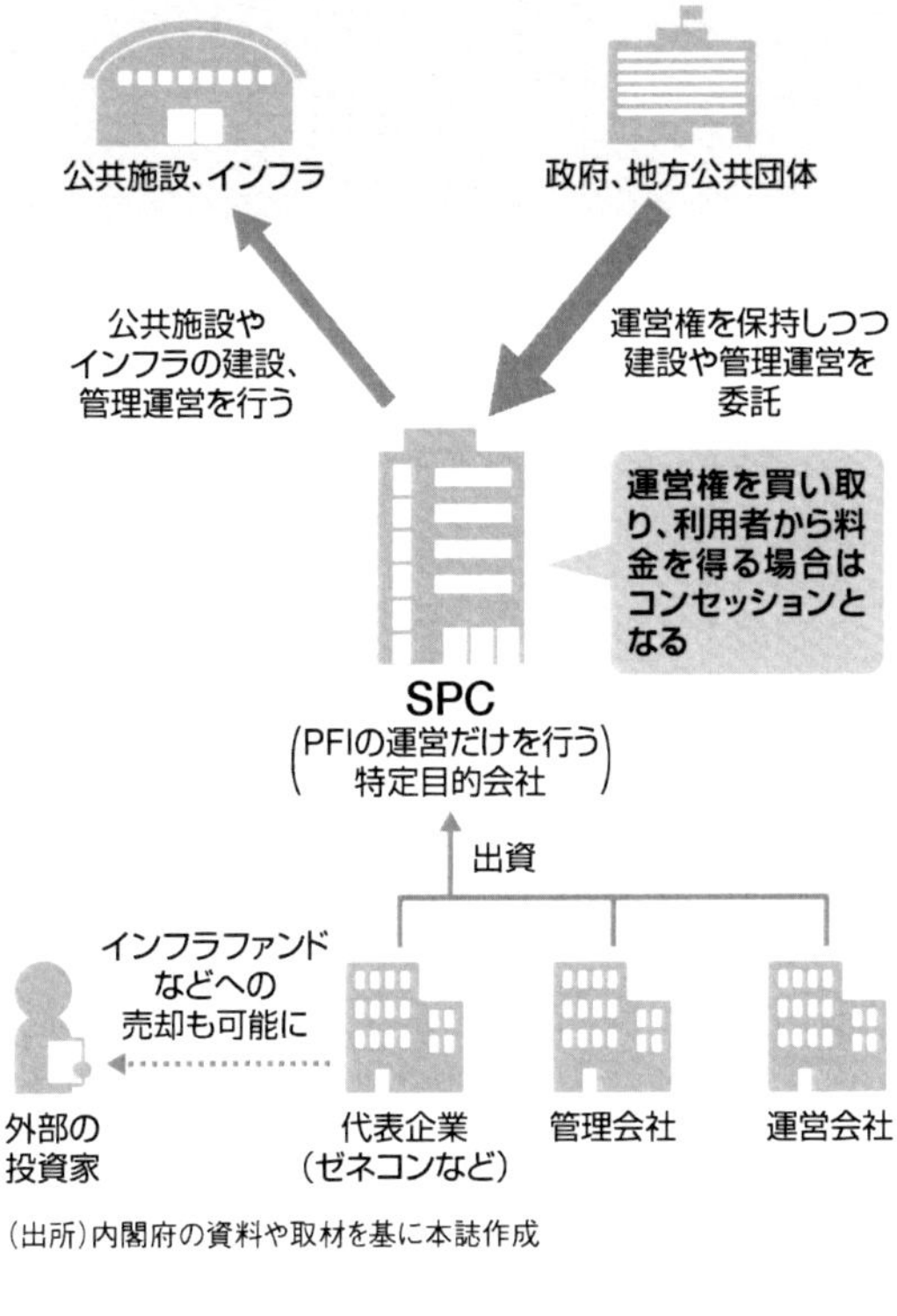

(出所)内閣府の資料や取材を基に本誌作成

当初案件は大半が赤字?

こうした自治体側へのメリットの大きいPFIだが、当の民間企業の目線は厳しい。建設を手がける必要性があることから、日本のPFIはゼネコンが中心となって市場をつくってきた。だが、あるゼネコン関係者は「建設を含めた内部収益率(IRR)は悪くないが、とにかく競争が厳しい。高値で応札したら他社に取られる」と嘆く。

PFIが始まった当初は、政府が強力に推進したこともあり、大手のゼネコンや商社が入札に殺到。「初期案件のほとんどが赤字受注だったのではないか」と関係者は推測する。そのためゼネコンなどは〝建設段階で利益が出ても、運営は薄利〟という現在に続く状況が生まれた。代表企業件数トップの大林組の場合、PFI運営子会社27社の営業利益率は2・2%にすぎない。ほかのゼネコンも同様だ。

そこで現在、PFIの次の段階として注目を集めるのがコンセッションだ。コンセッションはPFIの手法の1つ。自治体は公共施設の所有権を持ち続けるが、運営権は民間に売却する。運営業者は創意工夫で収益を上げ、利益を出せる仕組みだ。2016年にオリックスと仏空港運営会社が2兆円超で関西国際空港の44年間の運営権を取得した案件を筆頭に、空港では9件の運営権が売却された。準大手ゼネコンの前田建設工業も、愛知県で有料道路や国際展示場を運営する。コンセッションは民間が運営権を持つため収益性が高い。営業利益率は関空で25・9％、愛知県有料道路で20％に達する。

こうした企業が期待を寄せるのが、ファンドの存在だ。インフラ投資は景気に左右されにくく、社会問題の解決にもつながるため、年金基金など投資家からの注目度が高い。年金積立金管理運用独立行政法人（GPIF）も意欲を見せるほか、政府も18年3月にガイドラインを改正して、ファンドへの譲渡を可能にする道を開いた。

三井住友トラスト基礎研究所の福島隆則PPP・インフラ投資部長によると、世界のインフラ投資市場が約50兆円あるのに対し、日本は5000億円程度。しかも9割が再生可能エネルギー関連だ。「機関投資家がSPCの一部株式を取得するようになれば、インフラ投資の市場規模は急速に拡大する可能性がある」（福島氏）。

前田建設の岐部一誠・取締役常務執行役員も「利益の上げ方は建設工事や施設運営などさまざまだがイグジット（売却）がいちばん大きい」とし、コンセッションが拡大するためには「セカンダリーマーケット（2次売買市場）が絶対に必要」と力説する。

■ 20年で約6兆円の事業規模となった

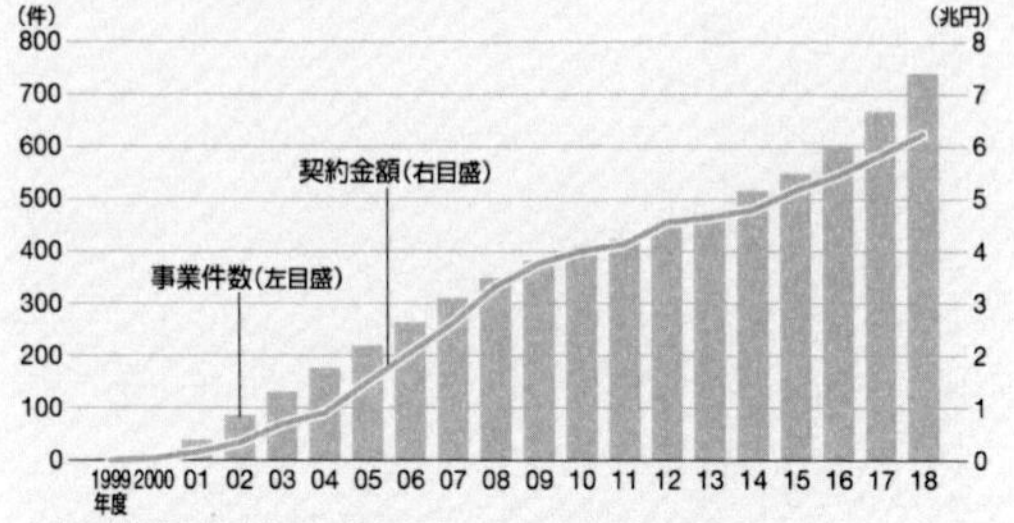

(注)PFIの事業件数と契約金額の推移(累計)　(出所)内閣府「PFIの現状について」

■ 大林組がPFI代表企業件数で突出

企業名	代表企業件数	主な案件名
大林組	42	衆議院議員会館、近江八幡市民病院、東京スポーツ文化館など
大成建設	27	愛媛県立中央病院、気象庁虎ノ門庁舎など
東洋食品	26	学校給食センター運営事業
清水建設	25	多摩総合医療センター、中央合同庁舎8号館(内閣府)など
大和リース	20	横浜市瀬谷区総合庁舎、学生寮、学校など

(注)代表企業件数は2018年4月時点、案件名は略称で終了、予定案件含む
(出所)日本PFI・PPP協会『PFI年鑑2018年版』、各社公表資料

透明性が課題

ただ、透明性では課題が残る。内閣府の調査によれば、契約期間を満了したＰＦＩは１２０件を超えるが、自治体側が報告書を公表している案件は京王電鉄グループが運営する「高尾の森わくわくビレッジ」や調布市の調和小学校など数例のみ。学校建設の第1号案件だった調和小学校へは「年に数件問い合わせが来るが、当時の担当者がおらず、なぜ終了になったかわからない」（調布市の担当者）。また一部のコンセッションを除けば、ＰＦＩの収益性は低い。「自治体もＰＦＩのメンバー交代にはまだまだ抵抗を感じる」（福島氏）と売却は難しい状況だ。

日本がＰＦＩ制度を導入する際に参考にした英国では、ＰＦＩを積極的に受注していた大手建設会社カリリオンが１８年に破綻。不採算入札を繰り返していたのが要因で、行政の監視能力を疑う声が湧き上がった。日本も導入時こそ実施方針など大量の文書を出すが、その後の状況はつまびらかではないケースが多い。しっかりモニタリングする必要がある。

約２０年かけて実績を積み上げてきたＰＦＩだが、いまだに官と民間、そしてその先の投資家をつなぐ道は細いままだ。

（松浦　大）

膨らむ防災対策費と財政のせめぎ合い

防災対策への財政支出が巨額になっている。

2019年末に安倍政権がまとめた新総合経済対策。財政支出の総額は19年度補正予算と20年度予算を合わせ13・2兆円に上る。対策の目玉は、災害復旧と防災・減災だ。ここに5・8兆円の財政資金を投入する。

新経済対策の閣議決定後、西村康稔・経済再生担当相は「昨今の災害多発を受け、安倍首相も私も公共事業費のレベルを一段上げるイメージを持っている。『防災・減災のインフラ事業は1ドルの投資が4ドルの利益を生み出す』という世界銀行のリポートも、最近出ている。（災害前の投資のほうが災害後の被害や復旧より）結果的にコストが安くなる」と語り、公共事業の拡大に意欲を見せた。

人口減少を背景に長年、抑制されてきたのが日本の公共事業だ。だが、ここにきて防災・減災という拡大方向のベクトルが存在感を高め、公共事業全体の方向性は見えにくくなった。今後、どこへ向かうのか。

■ 補正と臨時・特別の措置で再び増加傾向にある公共事業関係費

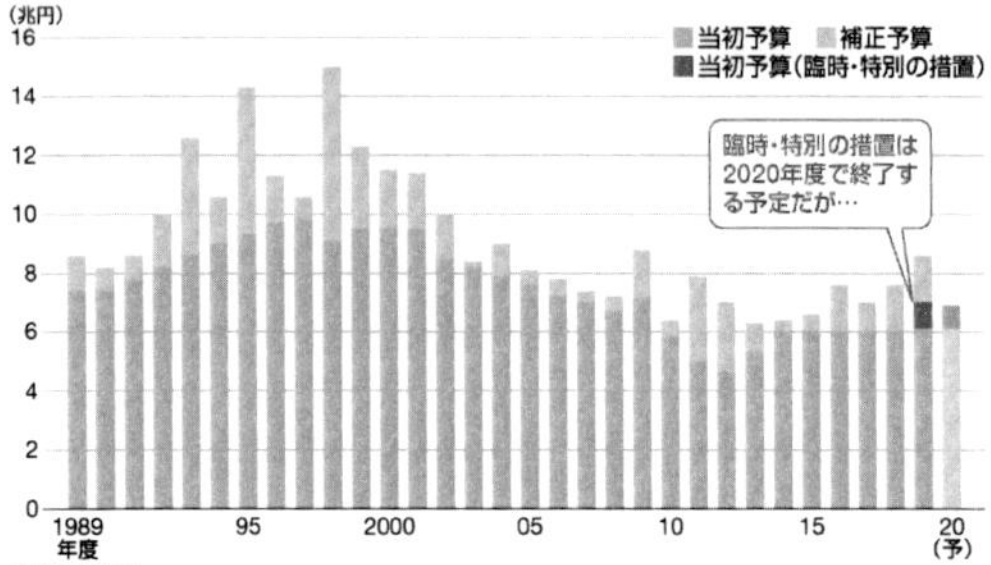

(出所)財務省

財源は圧倒的に国頼み

財政構造を見れば、行方を左右するのは国であることは明白だ。

公共事業は3つに大別される。①国が直接行う直轄事業（地方公共団体も一部資金を負担）、②国が地公体に補助金を出して地公体が行う補助事業、③地公体が費用負担も整備事業も行う地方単独事業の3つだ。

国の公共事業関係費がここ数年、6兆円規模（当初予算）であるのに対し、地公体の公共事業支出（投資的経費）は、17年度決算ベースで約15兆円。②の補助事業が6・5兆円、③の単独事業が8兆円で、両者が投資的経費全体の95％程度を占める。

補助事業6・5兆円のうち、約半分は国からの補助金が充てられているため、地公体が実際に自前の財源を必要とするのは、補助事業の3兆円強と、単独事業の8兆円の計11兆円強ということになる。これだけを見ると、地公体は国以上の資金を負担しているように映るが、実際には別のルートからも国の資金を得ている。地方交付税制度だ。

地方交付税は、経済格差を反映した地方間の税収格差を調整し、すべての地域がナショナルミニマム的な一定水準以上の行政サービスを提供できるよう、国が地方の財源を保障するもの。

元手になるのは国の所得税・法人税の33・1%、酒税の50%、消費税の22・3%、地方法人税の全額。人口や児童数・学級数・学校数、道路面積などを基に、必要となる基準財政需要額を地公体ごとに算出。地方税収入で賄えない不足額を国は交付税として配分する。一方、受け取った地公体は交付税を一般財源として自前の地方税収入と同様、自由に使える。

交付税は地公体の公共事業を2段階にわたってサポートする。そのイメージを示したのが次図だ。例えば、公立小中学校の建物建設では、一般に建設費の2分の1を国庫補助金で賄え、残りの半分が地公体の負担になる。

■ **実際の地方自治体の負担割合は小さい**

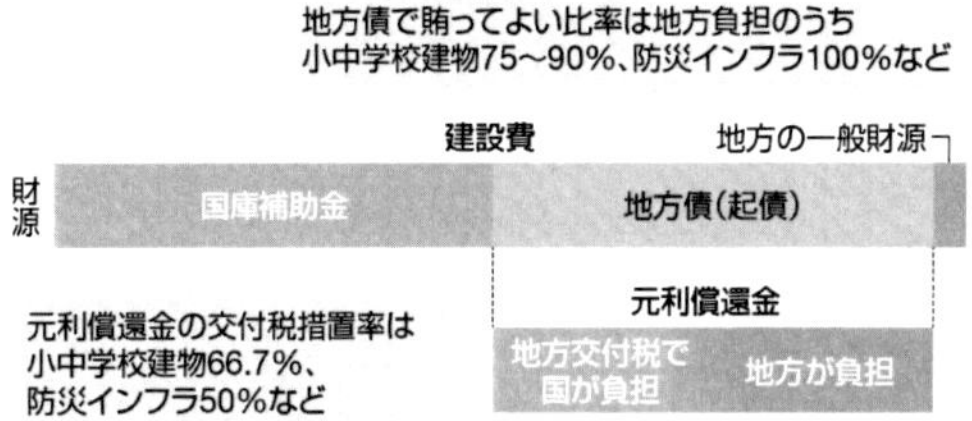

(出所)総務省、文部科学省、財務省の資料を基に本誌作成

公共事業費のような投資的経費は、地方債の発行で調達する地公体が多い。公共施設やインフラは将来にわたって利用するため、その便益を受ける将来世代と負担を分け合うためだ。

総務省は、地公体の負担のうち何割を地方債で賄ってよいかという「充当率」を対象事業ごとに示している。例に挙げた小中学校建物の充当率は75～90％だ。この地方債充当率でカバーできない部分が、実際に地公体が一般財源で負担する対象となる（先の図で「地方の一般財源」部分）。

先述のとおり、この一般財源には地方交付税が充てられる。地公体全体の一般財源のうち約25％は地方交付税となっている。この一般財源でのサポートが第1段階だ。

第2段階は、地方債に関係する。実は多くの場合、地公体は地方債の元利償還金を全額負担しなくてよい。公共事業の対象事業ごとに地方債の元利償還金の「交付税措置率」が決められており、地方交付税を増額することで国がその分負担してくれる。小中学校建物の交付税措置率は66・7％だ。地方単独事業でも地方債の交付税措置はある。

このような地方交付税制度が備わっているため、「例えば財政難を理由に、必要以上に小中学校を統合するのはありえない」と財務省関係者は指摘する。小中学校の統合は、小規模学校に通う子どもの学力への悪影響を避けるなど教育の質の観点から行われているはずというのが国の言い分だ。

ただ、地方交付税は何に使ってもよい一般財源だ。小中高校生への医療費助成など、基準財政需要以外に一般財源を使うことは、選挙を意識する地方の首長の常套手段だ。「財政難だから学校を統合する」と住民に説明することが多いが、地方交付税の使い方は住民による監視が不可欠だ。

日本の公共事業関係費は、以前より減ったとはいえ、対GDP（国内総生産）比で約3％と欧米諸国（1〜2％台）に比べまだ若干高い。人口減少や工事の担い手不足も進んでいる。そのため、国は公共事業の量よりも質を追う姿勢を鮮明にする。

具体的な中心政策は、公共施設の長寿命化だ。国土交通省の試算では、何もしなかった場合に比べ、公共施設の維持管理・更新費を30年後に半減させる効果を持つ。公共施設の集約・複合化、長寿命化、転用などを後押しするため、最近の予算では「使途の自由度が高い公共事業の交付金の一部を、重点化すべき事業が進むよう個別補助金に転換したりしている」（財務省主計局の中島朗洋主計官）。

また、「地方交付税は政策誘導になじまないが、国の施策の方向性も踏まえ、長寿命化事業などでの地方債の交付税措置率を拡充している」（財務省主計局地方財政係の篠田和哉主査）。

「臨時・特別」が恒久化？

自民党内では、国土強靱化計画の旗振り役である二階俊博幹事長や世耕弘成参議院幹事長らが19年の台風被害を受けて、防災・減災の拡大を求める声を一段と強めた。今後カギを握るのは、19～20年度限定で始めた予算の「臨時・特別の措置」（19年度2兆円、20年度1・7兆円）の行方だ。

これは19年10月の消費増税に伴う景気対策を目的とし、18年末に決めた「国土強靱化3カ年緊急対策」の予算も含む。昨今の政府は当初予算での公共事業関係費は6兆円規模に抑えつつ、恒常化した補正予算による上乗せでその総額を増加させている。ここに臨時・特別の措置という増額ツールが加わった形だ。

今後問題になりそうなのは、臨時・特別の措置を予定どおり20年度でやめると、21年度に2兆円規模（公共事業関係費は8000億円前後）で「財政の崖」が生じ、景気への悪影響が懸念されることだ。一方、臨時・特別の措置が恒久化されれば、国の直轄事業に加え、地方への補助金や地方債の交付税措置率の拡充策が延長される可能性がある。

（野村明弘）

【エピローグ】

住み続けられる街　その答えはどこに?

「パルコは僕たちの青春の象徴でしたからね」

2019年5月に閉店した、商業施設「宇都宮パルコ」。市内に住むある男性はかつてを振り返りつつ、しみじみと語った。

22年春の開業を目指し、次世代型路面電車（LRT）の建設が進む栃木県宇都宮市。そのさなかに、市の中心部にあったパルコが閉店したことはショッキングな出来事だった。シンボルを失った中心街は寂しさが漂う。

今後、人口減少やインフラの老朽化、財政難に伴う行政サービスの低下、災害の激甚化や深刻化が予想される中、今後の街づくりの切り札とされるのがコンパクトシティー政策だ。

コンパクトシティーとは都市の一部分に行政や医療、商業施設などの機能を集約し、自治体運営の効率化を図ろうという考え方だ。２０００年代ごろから国内の一部自治体で導入が始まった。だが「その頃はコンパクトシティーといっても郊外の開発抑制を考えていなかったため、都市の郊外化が進んだ」と、地方都市の現状に詳しい日本総合研究所の藤波匠・上席主任研究員は指摘する。

歯止めがかからぬ人口減少を受け、国は１４年に都市機能や居住を誘導する区域を定める「立地適正化計画」制度を創設。都市機能の集約と交通網の整備を組み合わせた「コンパクト・プラス・ネットワーク」を推進している。

ＬＲＴで市街地を集約

その中で、宇都宮市は先駆的な自治体として注目を集める。同市は０８年に市内各地に設けた地域拠点をＬＲＴなどの交通網で結ぶネットワーク型コンパクトシティー（ＮＣＣ）構想を打ち出した。

宇都宮は江戸時代から城下町として栄え、明治以降は軍都として発展。戦後は合併によって市域が広がるとともに人口も増え、2007年には隣接する上河内町、河内町を合併して50万人都市となった。

人口の増加と市域の拡大に伴い、中心部に集中していた人口は郊外に拡散。以前は中心市街地に複数あった百貨店も2000年代に入って閉店が相次ぎ、空洞化が進んだ。郊外への人口拡散が進むとともに自動車への依存度も上昇。現在、市民の移動は約7割が自家用車で、公共交通利用は5%に満たない。

こうした問題に対応するのがNCCだ。JR宇都宮線や東武宇都宮線を南北方向、LRTを東西方向の基幹交通として位置づけ、沿線外の拠点はバスや乗り合いタクシーなどで結ぶ。一方、郊外への人口流出を抑えるため、鉄道沿線や中心市街地を「居住誘導区域」に設定し、住宅取得や賃貸住宅への転入に補助制度を設けた。

複数の地域拠点を設けて、交通ネットワークで結ぶという考え方の背景には、合併で拡大した市の成り立ちがある。市総合政策部の担当者は「中心市街地の周辺に広がる旧町村の中心部は生活インフラが整い、人口もある程度集中しているので、そこに機能を集約していくイメージ」と説明する。

このため、本来は開発を抑制する市街化調整区域にも地域拠点を設けている。これらの拠点ではスーパーなどの商業施設を誘致するため、店舗床面積の上限規制を200平方メートル以下から1500平方メートル以下に緩和した。郊外の開発を抑制するNCCの趣旨に反するようにも思えるが、「既存の集落を維持して生活しやすくするとともに、外部からの移住者が住宅を建てるための基準は廃止し、宅地が拡散しない施策にも併せて取り組む」（都市整備部都市計画課）と強調する。

■宇都宮市のネットワーク型コンパクトシティー形成のイメージ

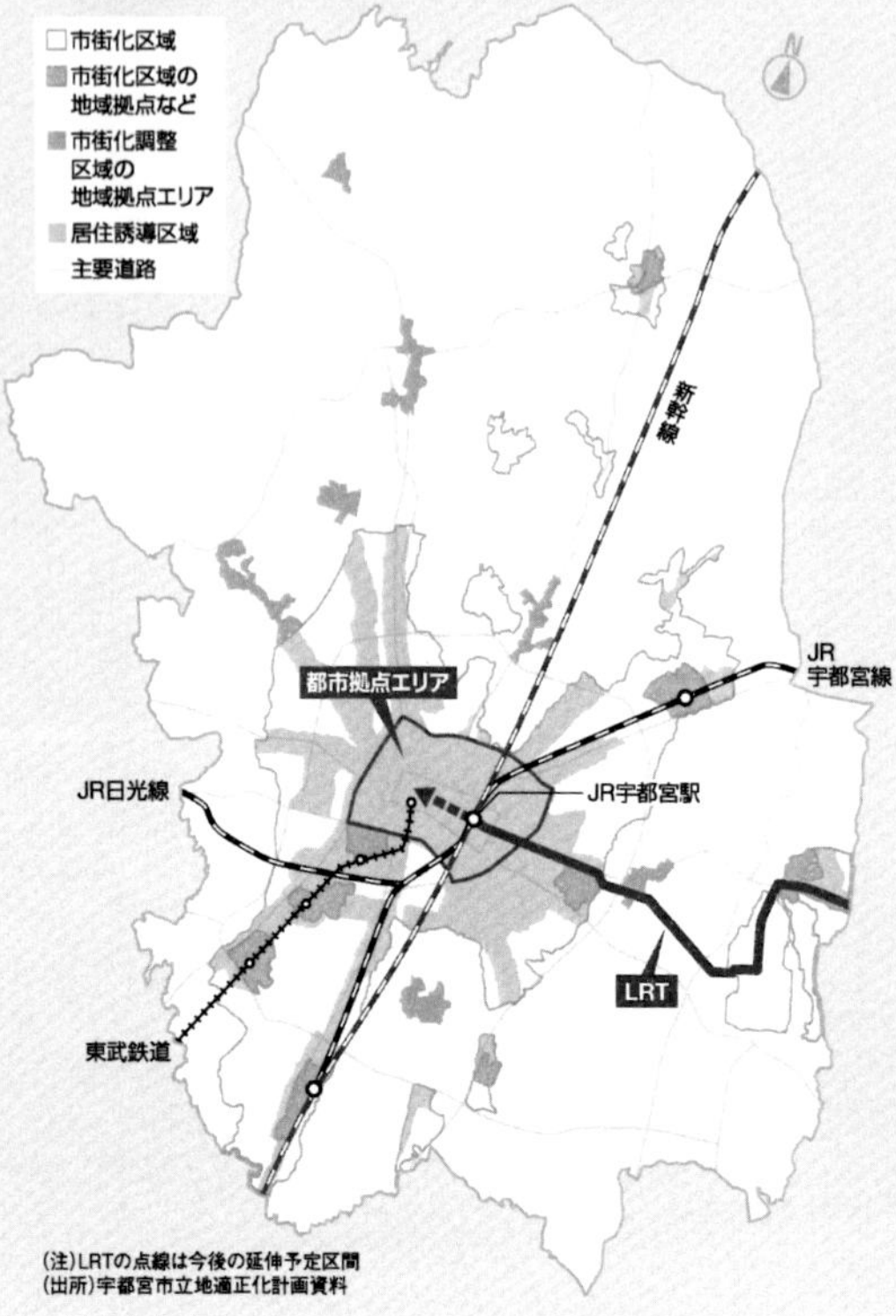

(注)LRTの点線は今後の延伸予定区間
(出所)宇都宮市立地適正化計画資料

将来の人口減と行政コストを考えれば、都市機能は中心部に集中しているほうが効率的だ。交通・都市計画が専門で、宇都宮市のＬＲＴ導入にも関わった森本章倫・早稲田大学教授は「１カ所に集中させるコンパクト化は現実的には難しい。とくに宇都宮のように平地に広がる街は集落が分散しており、既存の拠点を生かすためにはネットワーク型になる」と話す。

宇都宮市の場合、ＮＣＣの基幹交通となるＬＲＴの整備費は約４５８億円で、市負担分は約２０６億円だ。市は「誘発される経済効果を重視している。ＬＲＴへの期待感ですでに人口が増えている居住誘導区域もあり、税収増も期待できる」（都市整備部都市計画課）とプラスの効果を強調する。パルコのあったＪＲ宇都宮駅西側への延伸構想も進み、中心街活性化の起爆剤として期待が集まる。

日本総研の藤波氏もＬＲＴなどの整備は「人の流れを変えるうえで有効」とする。既存の市街地の構造を変えて、居住を誘導するためには、交通網を含めた投資が必要となるからだ。

ただし、人口減と財政難の狭間で「既存のインフラ維持コストと、新たな投資のバランスを見極めることが重要」（藤波氏）。実際、コンパクト化のメリットとして期待されるインフラ維持コストの削減効果は心もとない。市は、15年から54年まで40年間の公共施設・インフラ維持更新に必要な費用を約1兆0690億円と見積もるが、歳入を考慮すると2527億円のコスト抑制が必要。施設の長寿命化などで費用を削減する方針だが、NCC推進に伴う集約・複合化などの削減効果は776億円にとどまる見通しだ。

そこから見えてくるのは、コンパクト化は人口減少対策になりうるかもしれないが、既存インフラの老朽化や財政難に対する切り札にはならないということ。市が定めた居住誘導区域の一部には洪水時の浸水想定区域も含まれる。

宇都宮市だけでなく、ほとんどの自治体がこうした厳しい状況に直面している。何を選び、何を諦めるのか。残された時間は多くはない。

（小佐野景寿）

【週刊東洋経済】

本書は、東洋経済新報社『週刊東洋経済』2020年2月1日号より抜粋、加筆修正のうえ制作しています。この記事が完全収録された底本をはじめ、雑誌バックナンバーは小社ホームページからもお求めいただけます。

小社では、『週刊東洋経済eビジネス新書』シリーズをはじめ、このほかにも多数の電子書籍ラインナップをそろえております。ぜひストアにて「東洋経済」で検索してみてください。

『週刊東洋経済eビジネス新書』シリーズ

No.312　5G革命

No.313　クスリの大罪

No.314　お金の教科書

No.315　銀行員の岐路

No.316　中国が仕掛ける大学バトル

No.317　沸騰！再開発最前線
No.318　ソニーに学べ
No.319　老後資金の設計書
No.320　子ども本位の中高一貫校選び
No.321　定年後も稼ぐ力
No.322　ハワイvs.沖縄　リゾートの条件
No.323　相続の最新ルール
No.324　お墓とお寺のイロハ
No.325　マネー殺到！　期待のベンチャー
No.326　かんぽの闇　保険・投信の落とし穴
No.327　中国　危うい超大国
No.328　子どもの命を守る
No.329　読解力を鍛える
No.330　決算書&ファイナンス入門

No.331　介護大全
No.332　ビジネスに効く健康法
No.333　新幹線　ｖｓ．　エアライン
No.334　日本史における天皇
No.335　ＥＣ覇権バトル
No.336　検証！　ＮＨＫの正体
No.337　強い理系大学
No.338　世界史&宗教のツボ
No.339　ＭＡＲＣＨ大解剖
No.340　病院が壊れる
No.341　就職氷河期を救え！

週刊東洋経済eビジネス新書　No.342
衝撃！　住めない街

【本誌（底本）】
編集局　松浦　大、石阪友貴、岡田広行、福田　淳、野村明弘、小佐野景寿
デザイン　新藤真美
進行管理　下村　恵
発行日　2020年2月1日

【電子版】
編集制作　塚田由紀夫、長谷川　隆
デザイン　市川和代
制作協力　丸井工文社
発行日　2020年9月7日　Ver.1

発行所　〒103-8345
東京都中央区日本橋本石町1-2-1
東洋経済新報社
電話　東洋経済コールセンター
03（6386）1040
https://toyokeizai.net/
発行人　駒橋憲一

電子書籍化に際しては、仕様上の都合などにより適宜編集を加えています。登場人物に関する情報、価格、為替レートなどは、特に記載のない限り底本編集当時のものです。一部の漢字を簡易慣用字体やかなで表記している場合があります。本書は縦書きでレイアウトしています。ご覧になる機種により表示に差が生じることがあります。

本書に掲載している記事、写真、図表、データ等は、著作権法や不正競争防止法をはじめとする各種法律で保護されています。当社の許諾を得ることなく、本誌の全部または一部を、複製、翻案、公衆送信する等の利用はできません。

もしこれらに違反した場合、たとえそれが軽微な利用であったとしても、当社の利益を不当に害する行為として損害賠償その他の法的措置を講ずることがありますのでご注意ください。本誌の利用をご希望の場合は、事前に当社（TEL：03-6386-1040もしくは当社ホームページの「転載申請入力フォーム」）までお問い合わせください。

※本刊行物は、電子書籍版に基づいてプリントオンデマンド版として作成されたものです。